改訂・全部見せます

小5理科授業

なぜクラス中がどんどん理科に夢中になるのか

教育出版

まえがき

本書では，次の点を意識して授業を行っている。

1　基本的な知識と技能の「習得」
2　習得した知識と技能の「活用」
3　子どもの疑問を解決する「探究」

「習得」の授業では，「教えて考えさせる」授業を展開している。考えても答えようのない問題を，子どもに尋ねてもしかたない。

例えば，次の質問がある。

「花はどうやって実をつくるのか？」

答えは，「おしべから飛んできた花粉が，めしべの先について，花粉管が伸びて，受精したから」らしい。これを子どもに考えさせてもしかたがない。知らないものは答えようがない。

思考によって解決できない問題は，問うべきではない。教えるべきだ。教えることを躊躇してはならない。

基本的な知識と技能を確実に習得させてこそ，その先の活用はある。

「活用」の授業では，習得した知識と技能を使う場面を用意している。習得した知識や技能を活用して，問題を解く経験をさせる。知識と技能を活用したら問題が解けた，という経験をさせるから，次も活用しようという意欲をもたせることができる。

では，活用場面を，いつ設定すればよいのか。単元において習得した知識や技能は，その単元において活用させるべきだ。

例えば，「もののとけ方」では，まず食塩を溶かして，「食塩が水に溶ける性質」を調べていく。次に，ホウ酸で調べる。食塩でやった実験を，そのままホウ酸でも行っていく。食塩の実験で習得した知識や，実験技能を活用することができる。

教師は，思いきって，子どもに実験を任せるべきだ。困っている子がいたら，助ける役にまわればよい。習得した知識と技能を活用して，みごとホウ酸でも実験できたら，しっかりとほめるようにする。

「探究」の授業では，子どもの疑問を解決する授業を行う。その多くは発展的な内容を含むものである。

科学は，最も正しいように思える「仮説」の集合である。子どもからの疑問に，教師が答えられないものも多くある。

そんなとき，教師はどう答えるべきなのか。

教師の対応は，すなわち，教師が理科をとおして何を学ばせたいと思っているかに直結している。

大学の恩師が，私によく言っていた言葉がある。

「理論の多くが仮説に過ぎない。わからないことのほうが多い。だから，私の話と食い違うような現象にあったときこそ，それはなぜなのかを大切にせよ。そこにこそ，新しい発見がある。」

子どもの発見や疑問を，そのまま受け入れたい。

教師もわからなければ，わからないと言っていい。子どもとともに検証のための実験をしてみればよいのだ。

高学年になると，内容が高度になる。

「最初の頃は理科がおもしろかったのに，高学年になったら難しくなって理科が嫌いになった」と感じる子もいる。

難しい内容をいかに，簡単におもしろそうに教えるか。それが，授業の成否を決める。

「高学年になっても理科が楽しかった」という子を一人でも多く育てたい。そんな思いをもった一教師の実践記録である。

※改訂にあたり追加した授業は，これまでのさまざまな実践や研究を通して最もよいと思える展開を示したものである。なお本研究の一部は，JSPS 科研費 JP 17K12936 の助成を受けて行った。

2020 年 1 月　大前暁政

目　次

Ⅲ　メダカのたんじょう

Ⅳ　花から実へ

Ⅴ　台風と天気の変化

Ⅵ 流れる水のはたらき

Ⅶ 人のたんじょう

Ⅷ ふりこの運動

Ⅸ　ものの溶け方

Ⅹ　電流が生み出す力

I 雲と天気の変化

I　雲と天気の変化

5年生になっての最初の授業である。第1時は「楽しく」, しかも「知的な」授業を心がけたい。

4年生では,「天気によって1日の気温の変化の仕方に違いがあること」を学習する。5年生では,「雲の動き」や,「雲の量によって天気が変化すること」を学ぶ。

天気の変化の予測を学習する場面では,「資料の読み取り」や「資料の収集」も行う。情報を活用する力も習得させたい。

授業開きでは, 子供が進んで発表するようになるための指導も行う。

子供が進んで発表するようになるには, どうすればよいのか。それには,「答えがいろいろと出る発問をし, 子供の意見を全て認めていくこと」が大切だ。

意見を言ったら, 教師は子供をほめなくてはならない。

どんな意見でもほめられる安心感があれば, だんだんと子供たちは手をあげるようになる。

発表した子をほめることで, 進んで発表する子に育てていく。

習得させたい知識

1　雲の量や動きは，天気の変化と関係があること。
2　天気の変化は，気象情報を用いて予想できること。

習得させたい技能

1　写真や資料から気付いたことを 20 個以上書くことができる。
2　インターネットを活用して，気象情報を集めることができる。
3　天気の変化の仕方について，雲の量や動きに着目しながら予想し，調べるための方法を考えることができる。

単元実施計画

時　間	学習内容と指導方法の重点
第 1 時	【習得】いろいろな種類の雲を知る
第 2 時	【習得】雲の量や種類によって天気が変化することを知る
第 3 時	【習得】雲の有無によって天気が変化することを知る
第 4 時	【習得】雲の動きによって天気が変化することを知る
第 5 時	【活用】雲の動きを予想して天気の予報を行う
第 6 時	【活用】天気の変化のまとめを行う

第1時

いろいろな種類の雲を知る

雲に触る体験から授業に入る

まずは，雲をつくる実験から始めた。

雲をつくるための実験キットは，教材会社で安く手に入る。本授業では，「ケニスの雲発生実験セット」を使用した。

雲を見たことがある人？

全員が手をあげた。

では，雲を触ったことがある人？

今度は，誰も手をあげなかった。

そこで，山に登ったときに，霧のようなものに出合ったことがある人はいるかと尋ねた。これは2人が手をあげた。

高い山に登った時に出ている霧は，雲と同じだと説明した。「へえ。それなら，触ったことがあるかも……。」という声がした。

これから雲をつくります。

こう言うと，「えっ？」「何？　何？」と驚いた反応が返ってきた。まずは，私がやってみせた。雲を発生させる手順は次のとおり。

まず，ペットボトルに，霧吹きで水を入れる。次に，専用のポンプを取り付ける。

ポンプで，ペットボトルの中に，空気を入れていく。パンパンになったところで栓を開けて，いっきに空気を抜く。すると，ペットボト

ルの中の温度が急に下がる。温度が下がると，空気中の水蒸気が雲になって出てくるというしかけ。

ペットボトルの中で揺れている雲を見た時，子供たちが「やりたい！」「触りたい！」と興奮していた。

実験を各班で行うように指示。「白い煙が出てきた！」「触ったら，水だった！」など，感動の声が教室のあちこちで聞こえた。

雲に触ると，水が手につく。つまり，「雲」＝「水」だとわかる。

雲の名前を当てるクイズを行う

雲には名前がついています。

特徴のある雲の写真を見せた。

これは綿雲といいます。

綿の木の写真とともに見せた。綿のように見えることから，この名前がつけられたことを説明した。

では，この雲の名前は何でしょう。予想してノートに書きなさい。

途中から，雲の名前クイズを行った。次の順序でクイズを出した。

①羊雲
②巻き雲（すじ雲）→巻貝の写真とともに見せた
③うろこ雲
④レンズ雲（かさ雲）
⑤入道雲 →おばけの入道の写真とともに見せた

それぞれ，名前の由来となった物の写真もヒントとして示した。例えば，羊雲なら「羊の大群の写真」も一緒に示す，といった具合である。

雲の名前の由来と関係する物の写真を示すのは，そのほうが，名前の記憶が残りやすいからである。

多くの子が，雲の名前をみごと当てることができていた。「先生，今の空に雲はあるのかな？」と，何人かが外を見て観察を始めた。

授業の最後に，外に出て，どんな雲が空にあるかを観察した。雲の様子をスケッチし，何という名前の雲かを教科書で確認させて授業を終えた。

第2時

雲の量や種類によって天気が変化することを知る

天気にはどんなものがあるかを考えさせる

今日の天気は何ですか。空を見てごらんなさい。

・朝は，雨。
・今は，くもり。

天気予報にはさまざまな天気が出てきます。どんな天気がありますか。ノートにできるだけたくさん書きなさい。

雪，雷，晴れ，みぞれ，あられ，ひょう，霧などが出た。台風，雪崩なども出た。「にわか雨」などの天気もあることを教えた。

それぞれの意味を辞書で調べさせた。あられとひょうの違いが難しい。直径5mm以上の氷の粒がひょう，5mm未満があられである。

雲の量によって天気の呼び名が変わることを教える

ここで，「快晴」と「晴れ」の違いを教えた。意味を辞書（「三省堂例解小学国語辞典」）で調べさせると，次のように載っていた。

・「快晴」：よく晴れわたった，よい天気。

・「晴れ」：天気がよいこと。

違いは，雲の量にあることを教えた。雲の量があまりなくて太陽がカンカンに照っているときには，「快晴」という。雲の量がまずまずあると，「晴れ」という。もっと雲が多くなると，「くもり」という。

雲の量を具体的に教えた。

・「快晴」：雲の量が，10のうち1以下の状態。

・「晴れ」：雲の量が，10のうち2以上8以下の状態。

・「くもり」：雲の量が，10のうち9以上の状態。

天気の言い伝えを紹介する

昔からの言い伝えで，あることが起きると天気がわかるといわれています。次の（　　　）には「晴れ」「雨」「くもり」のどれがあてはまるでしょうか。

①美しい夕焼けが見えたら，明日は（　　　）。

②ツバメが低い所を飛んでいると（　　　）。

③ネコが顔を洗うと（　　　）。

④たくさんのスズメが木の枝でさえずっている時には（　　　）。

⑤ミミズが道路にいっぱい出てきたら，明日は（　　　）。

答えは，①晴れ，②雨，③雨，④雨，⑤雨，である。

予想と理由を発表してもらった。「ぼくは，晴れだと思います。理由は，○○だからです」という具合である。この言い方をきちんと指導した。

また，少々あてずっぽうでもいいから，とにかく理由を書いてみることが大切だと伝えた。まちがっていてもいい。とにかく自分なりに考えてみて，その考えを文章化することが大切なのだと。理由が言えた子はしっかりとほめた。

雲の種類によって天気が変わることを教える

最後に，教科書に載っている言い伝えをいくつか紹介した。

・すじ雲，うろこ雲，羊雲が出ると，次第に天気が悪くなる。

・雷雲が近付くと，大雨になる。

・かさ雲がかかると，雨になることが多い。

雲の種類によって天気が予想できることを知って，子供たちは驚いていた。

さっそく雲を観察して，明日の天気を予想することにした。

その日の空には，うす雲，すじ雲が見られた。明日は天気が悪くなるかもしれないと予想した子が多かった。

最後に，航海などでは天気予報だけでなく，いまだに「空の雲の様子から天気を予想する」という技術が大切にされていることを教えた。

第3時

雲の有無によって天気が変化することを知る

天気を知る方法を考えさせる

みんなが天気を知るためには，どんな方法がありますか。ノートに箇条書きにしていきなさい。

言い伝え，インターネット，テレビ，新聞，ラジオ，などが出た。

天気予報をしている人は，何を理由にして天気を予想しているのだと思いますか。

空の色，風，動物の動き，人工衛星から見ている，など。

天気の資料を読み取らせる

「教科書の３ページ。写真があります。タイトルは何ですか。」
「気象衛星の雲写真」である。このタイトルでさえ，ちゃんと確認しないと，わかっていない子がいる。
「その下にも２つの図があります。タイトルは何ですか。」
「アメダスの雨量情報」である。
「タイトルの下に説明文があります。それを読んでもらいます。」
何人かを指名。図の意味が書いてある。

４枚の写真を見て，わかったこと，気付いたこと，思ったことをノートに箇条書きしなさい。

１枚の写真ではない。４枚の写真である。２日間の「アメダスの雨量情報」と「気象衛星の雲写真」である。１枚の写真を見て気付いたことを書くよりも格段に難しくなる。が，ここはあえて４枚の写真を見て気付いたことを書かせた。子供がどれぐらいの力をもっているのかを知りたかったからである。

主な意見は次のとおり。

①雲がある。
②雲は丸い形をしている。
③雲が，10日の写真と11日の写真とで，場所が違う。
④雲が日本にかかっているときには，雨が降っている。
⑤雲が多いほど，たくさんの雨が降っている。

資料読み取りの技術を鍛える

それぞれの意見に，評定をしていった。基準は次のとおりである。

・「○○がある」などの意見――B

・「たくさん○○がある」など，少し詳しい意見――A

・比べている――AA

・関係付けている――AA

評定の基準が大切だ。比べる力や関係付ける力は，子供にぜひとも習得させたい技能である。

先ほどの子供の意見を評定すると次のようになる。

①雲がある。――B

②雲は丸い形をしている。――A

③雲が，10日の写真と11日の写真とで，場所が違う。――AA（比べている）

④雲が日本にかかっているときには，雨が降っている。――AA（関係付けている）

⑤雲が多いほど，たくさんの雨が降っている。――AA（関係付けている）

評定をしてから，もう一度気付いたことを書かせる。すると今度は，比べた気付きや関係付けた気付きがぐんと増えることになる。

4枚の写真で「わかること」をひと言で書いてごらんなさい。

資料から学んだことをひと言で言い換える作業も行った。ひと言でまとめるためには，もう一度，友達の気付きや自分の気付きを整理しなくてはならない。頭をもう一度使って，情報を整理し直すことになる。

例えば，次のようなまとめになった。

・雲の動きによって天気が変化している。

・雲があるところに雨が降っている。

第4時

雲の動きによって天気が変化することを知る

資料読み取りの技術を活用させる

第4時も教科書の写真を使いながら授業を行った。教科書には，1日おきの天気の移り変わりの写真が載っている。

今度は，資料の量がかなり増える。4日分の「雲写真」，「雨量情報」，「天気」，「大阪の空の様子」，「東京の空の様子」が載っている。なんと，20枚の写真の読み取りである。

特別支援を要する子にとっては，情報が多すぎて，読み取りは困難と思われた。だが，前回の学習が生きていたのか，授業にはついてくることができていた。

まず，資料の題名と日付を確認した。

「題名は何ですか。○○さん。」

「日付はいつですか。○○さん。」

こうして写真の読み取りの基礎技能を養っていく。写真を見たら，すぐにタイトルに目がいくようにしていきたい。

写真を見て，気付いたことを箇条書きにしていきなさい。

いっきに20枚の写真の読み取りである。3つ書けた人から，気付いたことをずらっと板書させた。

左から順に発表していきなさい。

板書をした子に，自分の気付きを発表させた。そのあとで，子供の気付きを評定していった。評定の基準は，前回の授業と全く同じとした。

昨日の資料読み取りで習得した技能が活用できていた。必死になっ

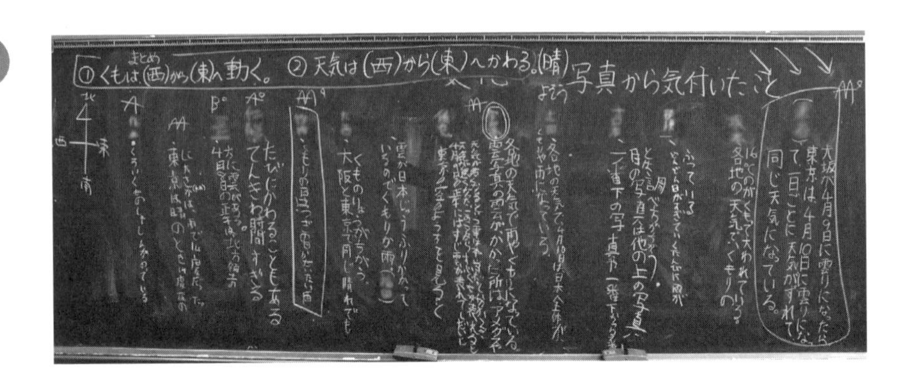

て写真と写真を比べたり，詳しく書こうとしたり，資料どうしを関係付けたりしようとしていた。

特によかったのは，次の発見である。

・大阪の１日遅れで，東京の天気が変わっている。

・東京にすじ雲が見えたら，天気が悪くなっている。

ほかの写真と関係付けたり，既習の知識を活用できている。

自分が気付けなかった意見が出たら，メモを取らせるのがポイントだ。メモを取っている子をほめればよい。すると，ほかの子もメモを取るようになる。

動画で雲の動きを確認し天気の変化をまとめる

ここで，インターネットの映像を見せた。気象衛星からとらえた雲の動きの動画である。動画を見せたあとに，次のように指示した。

> **天気の変化をまとめます。次の（　　　）の中に入る方角を書きなさい。**
> **「雲は,（　　　）から（　　　）へ動く。天気は（　　　）から（　　　）へ変わる。」**

方角を私が黒板に書いてから考えさせたので，どの子も「西から東だ！」と言うことができていた。

西を見れば，天気がわかります。明日の天気を予想してもらいます。
西の空を見ながら天気を予想して，ノートに書きなさい。

こう言うと，急いで子供は外に出て，空を見始めた。
「すじ雲があったから，明日はくもりだ！」
「でも，西には雲がない。だから明日は晴れだ！」
自然と，意見の交換が始まった。
空の写真をデジタルカメラで撮った。ここから1週間ほど継続して空模様の観察と明日の天気の予想をしていくことを告げた。

第5時

雲の動きを予想して天気の予報を行う

動画で雲の動きを確認し天気の変化をまとめる

これから数日間，空を見て，また，天気図を見て，明日の天気を予想するという活動を行った。手順は次のとおり。

①朝，西の空を確認する。
②配布された気象衛星の雲写真をノートに貼る。
③明日の天気を予想する。

たったこれだけである。5分で終わる。朝学習の時間は10分である。十分にできる。この5分の作業を毎日続ける。教科書に載っている知識は本当かどうかを確かめるわけである。

天気の予想は，自分の場所よりも西に雲があるかどうかで判断する。雲のスピードがどれぐらいなのかがわかっていないと，天気予報はできない。だから，1時間ごとの雲の動きは動画で示すようにする。

なお，天気を予想するため，他にも解決方法があれば，自由に試させることが大切になる。言い伝えや，雲の色や形などである。

5年生は，問題を解決する方法を発想する場を設けることも必要だ。

明日雨が降ると予想していて実際に雨が降った，明日は晴れると予想していて実際に晴れた，という経験を積ませた。

さらに，西に雲が全くなかったので「晴れる」と予想していたのに，昼頃になって突然雷雲が近付き大雨になった，ということもあった。雷雲が去ったら，すぐに晴れに戻った。このように，雷雲が突然発生し大雨になることも観察できたのである。雲の動きや近付いてくる雲の種類によって，天気がどのように変わるかを体験として学ぶことができた。

毎日のように天気の予報をすることには，意味がある。子供たちは明日の天気に興味をもつようになるのだ。それに，西の空の雲の様子を観察するようになる。「今は雨だが，西の空が晴れてきているので放課後には晴れるだろう」などと簡単な予想をしている子が出てくる。

このように，1週間ほど毎朝5分で明日の天気の予想を続けた。

第6時
天気の変化のまとめを行う

1週間の天気予報を終えて，まとめを行った。

「今までの衛星写真を出しなさい。」

ずらっとノートに貼らせている。

自分で行った天気予報がどれぐらい当たったかを確認しなさい。

どれぐらい当たったかを挙手させた。

明日の天気を予想するときに，どういう理由で判断しましたか。

「雲は西から東に動くので，西に雲があるかないかで判断しました。」

「西の空の様子を実際に見て判断しました。」
という意見が出た。
　また，「雲の形や量」，そして，「言い伝え」を活用している子もいた。

今までの天気の予想でわかったことや気が付いたこと，思ったことを書きなさい。

「急に天気が変わるときもある」，「雲が西にあれば明日は雨になる」などが出た。
「では，今日の衛星写真を配ります。明日の天気を予想してノートに書きなさい。」
　きちんと予想がノートに書けているかどうかを確認した。
「ノートに予想が書けた人？」
　このように，きちんと予想を書いたかどうか確認する作業が大切だ。
　挙手させて人数を確認した。西に雲がないので，「晴れ」と予想した子が多かった。
「そう考えた理由をノートに書きなさい。」
　今まで天気の予報をしてきたので，どの子も理由をさっと書くことができた。
　人数の少なかった「雨」という意見の人から理由を発表してもらった。
「天気は急に変わることがあり，以前に西に雲がなくても，急に雨が降ったことがあったから，ひょっとしたら雨が降るかもしれない。」
という意見だった。その他の子は，
「衛星写真で西に雲がほとんどないため，明日は晴れだ。」
と答えた。
　最後に，インターネットで明日の天気がどう予報されているのかを調べた。インターネットからの情報は，私が今までに何度も紹介しているので，すぐに調べることができていた。

II 植物の発芽と成長

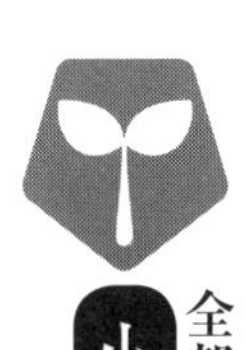

Ⅱ　植物の発芽と成長

5年生で育てたい「問題解決の力」として，小学校学習指導要領解説理科編（2017）に次の能力があげられている。

「第5学年では，主に予想や仮説を基に，解決の方法を発想するといった問題解決の力の育成を目指している。」(p.17)

さらに，次のようにも述べられている。

「この力を育成するためには，自然の事物・現象に影響を与えると考える要因を予想し，どの要因が影響を与えるかを調べる際に，これらの条件を制御するといった考え方を用いることが大切である。」(pp.17-18)

本単元では，「要因を予想」したり，「条件を制御」したりするのに最適な内容を含んでいる。発芽の要因を調べる際，「要因は何か」，「統一する条件は何か」，「変える条件は何か」を考えながら実験を行っていくからである。

また，「実験の結果を考察する力」も養いたい。「結果」と「結論」は異なる。「結果」を考察したものが，「結論」である。発芽の実験では，条件を変えながら多くの実験を行う。その結果を見て，発芽にはどういう条件が必要といえるのかを考察できなくてはならない。実験では，まちがった結果が出ることもある。まちがった実験結果が出たらよい学びのチャンスとなる。「実験結果は正しいのか」，「正しくないとすれば，どうしてまちがった実験結果が出たのか」，このように，実験結果の考察や実験の振り返りを行う機会となる。

なお，右ページに「習得させたい知識」「習得させたい技能」を示したが，本単元で学習して身に付けた知識と技能は，第5学年「花から実へ」の学習において活用することができる。

習得させたい知識

1　植物は，種子の中の養分をもとにして発芽すること。
2　植物の発芽には，水，空気及び温度が関係していること。
3　植物の成長には，日光や肥料などが関係していること。

習得させたい技能

1　植物の発芽や成長の要因となるものを予想することができる。
2　条件制御しながら実験を行うことができる。
3　ヨウ素液を使用して，でんぷんの有無を調べることができる。
4　結果を考察して，発芽や成長の条件を導くことができる。

単元実施計画

時　間	学習内容と指導方法の重点
第１時	【習得】種から芽が出るために何を与えればよいか
第２時	【習得】発芽の条件を調べる実験方法を考える
第３時	【習得】調べたい条件を選んで１人１つの実験を行う
第４時	【習得】実験の結果を考察する
第５時	【習得】植え替えを行う
第６時	【習得】植物の成長に使われた栄養は何かを考える
第７時	【活用】さらに成長するために必要なものは何かを調べる
第８時	【活用】植物をもっと大きく成長させるための条件をまとめる

第１時

種から芽が出るために何を与えればよいか

種の中を観察させる

導入では，種の中身を観察する。

できるだけさまざまな種を用意したい。トウモロコシ，インゲン豆，イネなどである。ドングリを用意しておいてもおもしろい。

いろいろな種があります。種の中はどうなっているのでしょうか。皮をむいて，観察してごらんなさい。

手で皮をむこうとしても難しい。種の皮は固いのである。割るのもひと苦労である。

割ってみると，種の中には，根・茎・葉になるところと，それ以外の養分が含まれているところに分かれているのがわかる。

「先生，芽のようなものがあります。」

と，子供たちが言ってきた。

種の中には，根・茎・葉のもとになる部分がちゃんとあることを教えた。

種から芽が出るための条件を予想させる

種は，放っておいても，芽が出ません。この種は１年前の種。この種は２年ほど前の種です。ずっと机の中にしまっておきました。放っておいても種から芽は出ません。種はずっと眠っています。

２年前の種と聞いて，子供たちは驚いた様子だった。放っておけば種から勝手に芽が出るものと思っていた子が多かったのだ。

種を眠りから起こして，芽を出させるために必要なものは何ですか？

「水」はすぐに出た。ほかの条件として「太陽の光」,「肥料」,「土」,「容器」も出た。

「温度」はなかなか出なかった。「じゃあ，南極の極寒の地でも芽は出るんだね」などと言うと，「暖かさ」という意見が出た。

「空気」もなかなか出なかった。「宇宙空間でも，種から芽が出るのだね」などと言うと，「空気が必要だ」という意見が出た。

おもしろい意見を出す子がいた。「かげ」が必要だというのだ。砂漠のような，太陽がずっと当たっている環境では，逆に種は出ないようにインプットされているのかもしれないと考えたのである。「かげ」は「太陽の光を当てるかどうか」なので，そこに含めることにした。

調べる条件を絞る

いくつか出たあとに，次のように尋ねた。

「この中で絶対に違うというのはありますか。」

「容器」が違うという意見が出た。自然界では，容器などなくても芽が出ているからである。

絶対に必要だと思う条件に○をつけなさい。

クラス 32 名の人数分布は，次のとおり。

- 空気　17 人
- 土　5 人
- 太陽の光　20 人
- 水　32 人
- 肥料　5 人
- 暖かさ　3 人

「土」は，反対意見が出た。以前に，土を使わずに育てたことがある

という。これは，私も説明した。脱脂綿の上に大豆の種を置いておくと，すくすく育つ。これは，以前に見たことがある人もいる。だから，「土」というのは，条件にならない。このようにして，「土」という条件はなしにした。教えるべきところは，教えればよい。

何人かの子は私の発問に対して，勘ちがいをしていた。私は，種から芽が出るために必要な条件を尋ねている。ところが，何人かは，「すくすくと育つための条件」だと勘ちがいをしていたのだ。ある子は，「肥料がないと大きく育たないから肥料が必要だ。」と発表した。それは，今尋ねていることとは違うことを指摘した。

発問をノートに写させても，なお，言葉の意味を勘ちがいしてしまう子がいる。言葉に敏感な子供に育てなければと思う。

第2時

発芽の条件を調べる実験方法を考える

前回の学習内容を思い出させる

「種は何もしなければ，ずっと眠っています。」

こう言って，眠っている種の絵を描いた。絵を描かないと，イメージができない子がいるからである。きちんとイメージさせたいことは，言葉で言ったことを，すぐにその場で絵に描くようにしている。視覚的に理解させるためである。

「このまま何も与えずに，放っておくと，ずっと種のままです。この種の眠りを覚ますと，種から芽が出てきます。種の眠りを覚ますために，必要なものを考えてもらいました。何がありましたか。」

・水
・日光
・空気
・温度
・肥料

実験方法を考えさせる

「実験方法を考えてもらいます。実験は，容器の中に種を入れて行います。容器は，1人に2つあります。」

水が必要なのかどうかがわかる実験方法をノートに書きなさい。

「片方に水を入れ，片方に水を入れない」という答えが出た。これはほぼ全員がわかっていた。

結果を考察する練習を行う

では，問題です。この場合，水は種の眠りを覚ますのに必要でしょうか。必要ないでしょうか。
【A の容器】水あり　→芽が出た
【B の容器】水なし　→芽が出なかった

これも全員がわかった。「水が必要」が答えである。

そして，テンポよく，問題を出していった。

・【A の容器】水あり　→芽が出た
　【B の容器】水なし　→芽が出た　→「水は必要ない」
・【A の容器】水あり　→芽が出なかった
　【B の容器】水なし　→芽が出た　→「水をあげてはいけない」
・【A の容器】水あり　→芽が出なかった
　【B の容器】水なし　→芽が出なかった

最後の問題は，やんちゃな子が答えた。理科が苦手なんだと私に言った子だった。

「先生，それって種が腐っているってことじゃないの？」

「そうです。両方とも芽が出ないというのは，水は種の眠りを覚ますのに関係ないか，または，種が腐っていたりして，実験が失敗したことを意味しているのです。」

条件制御の方法を考えさせる

ところで，A にも B にも，日光を与えるのですか。

与えなくてもよいという意見が多かった。

「では，空気はあげるのですか。」

「あれっ？　空気はあげたほうがいいよ！」

「では，暖かさはあげますか？」

「あげたほうがいい。」

「日光や空気，暖かさや肥料」も，できればあげたほうがいいのです。その理由をノートに書きなさい。

自分の考えを書く時間を授業の中で確保することが大切だ。発問のあとに，どの子も自分なりの考えをもつように習慣づける意味がある。
答えは，「もしも空気や肥料が種の眠りを覚ますのに必要なら，与えないと実験にならない」である。例えば，水が必要かどうかを調べる場合，次のように条件をそろえることになる。

【A の容器】	【B の容器】
水○	水×
日光○	日光○
空気○	空気○
温度○	温度○
肥料○	肥料○

条件制御は，表にするとわかりやすい。
ただし，発芽の条件制御で難しいのは，「温度の制御」である。温度を与えないということは，片方を冷蔵庫に入れるということだ。ということは，冷蔵庫に入れたほうは日光が当たらないということになる。
したがって，「温度が必要かどうかを調べる場合の条件制御」は次のようになる。

【A の容器】	【B の容器】
水○	水○
日光×	日光×
空気○	空気○
温度○	温度×
肥料○	肥料○

このように，条件制御を表にして表す作業を，全員にさせた。「水」，「日光」，「空気」，「温度」，「肥料」の５つについて，である。最後に答え合わせをした。

第3時

調べたい条件を選んで1人1つの実験を行う

実験ノートの書き方を教える

3時間目には，実験ノートを作成して，実験を行った。

教科書のどこのページの実験なのかをまず確認した。教科書では「実験1」となっていて，「種子が発芽する条件を調べよう」などと書かれてある。

教科書の「実験1」を私が音読した。音読後に，説明した。

「実験ノートを書きます。まず書くのは，実験の目的です。実験の目的は何ですか。」

教科書に，目的が載っている。

「目的　種が目を覚まして芽が出てくるための条件は何かを調べる。」

教科書どおりの実験を行う場合は，教科書のどの部分の実験をしているのかを確認できるようにしたい。そうしないと，教科書のどの実験をしているのかがわからない子もいる。わからなくなったときや困ったときに，実験の内容を教科書で確認できる子供にしていきたいと考えている。

「次に書くのは，実験方法です。」

「実験方法」は次のように書かせた。

①カップを2個用意する。
②カップにティッシュを敷く。
③種を入れる。
④条件をそろえる。

実験ごとに準備物を用意させる

次に「準備物」を書かせた。

そろえる条件，変える条件によって，準備物が異なる。日光を調べる人は，片方には日光を当てないのだから，黒いビニールなどの覆いが必要になる。

自分が調べたいと思う発芽の条件を１つだけ選びなさい。

実験は，１人が１つの条件を調べることにした。

自分がいちばん調べたいたった１つの条件についてだけ，調べる。クラスの全体として，すべての条件について調べることができればよいと考えた。

それぞれ自分の選んだ条件についての準備物をノートに書きなさい。
書いていないものは貸しません。

「書いていないものは貸しません」という言葉がポイントだ。実験ができなくなるので，本気で考えるようになる。わからなければ，周りの人と相談してもよいことにした。

準備物の次に「予想」を書かせた。「予想」とは「結果の予想」である。条件ごとに，発芽に必要かどうかを書かせた。

ここまでで，どの子も，実験方法を把握していた。子供たちは，すばらしく集中して実験ノートを書いていた。昨年度，理科が苦手だと言っていた子が，「理科の勉強って集中できて楽しい」と言ってくれたのがうれしかった。

実験の曖昧な点をはっきりさせる

実験の準備をしている時に，若干の混乱が見られた。容器に水を入れるのはわかったが，どれぐらい水を入れていいのかわからないというのである。このように，実験方法を教科書で確認していても，実際に実験をする時になってみるとどうしていいのかわからないということがある。

「種が半分つかるまで，水を入れなさい。」と指示。少し多めに入れるのがポイントだ。あさってからは２日間の休みだからである。休み明けまで水が残っているようにすればよい。

第４時

実験の結果を考察する

実験結果を確認させる

休み明け。すでに芽が出ていた。子供たちは，芽が出ている種を見て，「おお！　こんなにも芽が出ている！」と驚いていた。種からは，根と茎が出ている。芽が出てすぐの種を割ってみると，本葉も育ってきているのがよくわかる。

実験結果は，それぞれの実験項目を調べた子に尋ねた。

結果が分かれたのは，「空気」の実験である。水の中に入れておくと，空気がないのだから発芽はしないはずだ。が，水が浅いと，種が空気に触れてしまうため発芽してしまう。

空気に関しては，実験方法の見直しを行った。実験中に種が空気に触れることができると発芽する，ということをおさえた。例えば，脱脂綿にも空気が残っていることがあるのだ。

こんなこともあろうかと，私が深い花瓶の底に種を入れておいたものを見せた。発芽はしていない。

結果を黒板に整理し考察させる

結果を黒板に書きあげた。

【Aの容器（与える）】	【Bの容器（与えない）】
水○	水×
日光○	日光○
空気○	空気×
温度○	温度×
肥料○	肥料○

○は「発芽した」，×は「発芽しなかった」である。結果を表にまとめたあとで，表の考察を行った。

種を眠りから覚まし芽を出させるために，絶対に必要な条件に○をつけなさい。

子供たちは，結果を考察し始めた。

答えは，「水，空気，温度」の3つである。

詰めの考察を行う

ここで念のために，尋ねた。

「肥料はいらないのですか。」

「肥料を与えていなくても芽が出ているから，別にいらない。」

「日光はいらないのですか。」

「日光を与えなくても芽が出ているから，別にいらない。」

このように詰めの確認をすると，ここで初めて「わかった」とうなずく子供がいた。

このように，実験結果の表を分析する作業を行わせることも大切な勉強だ。表の読み取りの力が身に付くからである。

結論の書き方を指導する

「まとめを書きます。まとめとは，結論です。この実験の目的は何でしたか。」

この実験の目的は，「種が目を覚まして芽が出てくるための条件は何かを調べる」である。

「結論とは，目的に対する答えです。」

次のまとめを書いた時点で，見開き2ページに収まっていればよい。

「種が目を覚まして芽が出てくるためには，水，空気，温度の3つが必要だ。」

最後に，発芽しなかったインゲン豆の種に「水，空気，温度」の3つの条件をそろえて，発芽のための準備をするように指示した。

第5時 植え替えを行う

植え替えの趣意説明を行う

数日たって，さらに芽が出てきた。上にニョキっと伸びる姿に感動した子もいる。

「土を使わなくても，やっぱり，芽は出て伸びているなあ。」

という声も聞こえた。実際に育ててみると，感動がある。

ほとんどの子の種が芽を出してきていたので，黒ポットに移し替えることにした。ここで，趣意説明をした。

「ゼリーのカップに入れていた種から，根・茎・葉が出てきました。これからもっと伸びてきます。そこで，土に植え替えようと思います。」

大きくなってくると，はっきりと，根・茎・葉の区別がつく。本葉が出てきているのも確認させるとよい。

「この土は，バーミキュライトといいます。石の一種です。軟らかいです。肥料は入っていません。」

こうして説明したあとで黒ポットにバーミキュライトを入れていった。

2つのポットに芽が出ている状態にする

実験の過程で，種がうまく発芽しなかった子には，1つのポットにつき，3～5粒ほどの種を与えた。できるだけたくさんの種を植えていたほうがよい。芽が出てこないのがいちばんダメなのである。実験にならないからだ。1人に2つのポットを用意した。つまり，32人分の種は300以上用意した。

黒ポットに名前を書かせるために，シールを配るとよい。シールの上にセロハンテープを貼っておくと，水にぬれるのを防ぐことができる。

水をたっぷりとやって，さらに芽が出てくるのを待った。

第6時

植物の成長に使われた栄養は何かを考える

でんぷんとは何かを教える

インゲン豆がだいぶ育ってきた頃に授業を行った。

種には，根・茎・葉になる部分と，それ以外の部分があります。根・茎・葉以外の部分に何が含まれているのかを調べます。

まず，黒板に「植物の中にある栄養」と書いた。

「栄養にはいろいろなものがあります。その1つに『でんぷん』というものがあります。」

子供から「たんぱく質？」「炭水化物？」などと栄養素の名前があがった。でんぷんとは，「炭水化物」の一種である。

ここで，かたくり粉を紹介した。以前，科学クラブで，でんぷん餅を作ったことがある。かたくり粉に砂糖と水を入れ，ホットプレートで温めながら混ぜるだけである。餅のようになって，おいしく食べられる。でんぷん餅を家で作ったことがある子がけっこういた。また，スーパーなどでかたくり粉を見たことのある子は，半数の16名ほどであった。

「かたくり粉は『かたくり』という植物からとれるでんぷんから作られています。最近は，ジャガイモからとれるでんぷんが使われています。」

どんなものにでんぷんが含まれているかを調べさせる

どんなものにでんぷんが含まれているのかを調べます。

そうして，次のものを出した。

・ジャガイモ
・ご飯
・ビワの種（給食で出たものをとっておいた）
・インゲン豆（水でひたして柔らかくしておくとよい）
・その他（トウモロコシなど）

ここで，ヨウ素液を紹介した。

「これはヨウ素液といいます。ヨウ素液につけると，でんぷんがあった場合，濃い青色になります。ない場合は，色が変わりません。スポイトで数滴たらすだけでわかります。濃い青というのは，例えば，A君のTシャツのような感じの色です。」

と説明。これで，色に対するイメージがもてる。

準備の鉄則

各班で準備を始めた。

「代表1人，前に来なさい。班の人数分の，インゲン豆とビワの種を持っていきなさい。」

「別の代表1人，前に来なさい。ヨウ素液を持っていきなさい。」

「別の代表1人，前に来なさい。シャーレを持っていきなさい。」

「最後の1人，その他の準備物を持っていきなさい。」

このように，各班1人ずつ役割を与える。4人班なので，4つの役割を与えた。

準備は全員で行うという意識をもたせていく。小さいことだが，実験では大切なことだ。必ず，全員が実験道具の準備を行う。そうすることで，「自分が用意したものを自分で片付ける」という習慣が身に付いていく。これが実験の鉄則である。

特別な配慮を要する子に対する実験中の対応

ここからは，自由に実験を行った。

私は，配慮が必要な子供のそばに立って，全体に目を向けていた。その子は，私がそばにいるだけで落ち着くのである。わからなければいつでも私に質問をすればよいからだ。私は何も関わっていないのだが，一応，そばに立っているようにする。目線はほかの班の子に向けておく。

ジャガイモは，ヨウ素液をたらして5秒ほどで色が変わった。ご飯は，1秒後に青紫色になった。ビワの種とインゲン豆は，10秒ほどで色が変わった。青紫色になるまでの時間が，物によって違うことを確認した。

また，ヨウ素液をビニール袋や机などに落とした子がいて，色が全く変わらないことを発見していた。

インゲン豆の成長にでんぷんは使われたのか

「インゲン豆を植えた時に，芽が出てきました。その時の様子がこれです。」

こういって実物を提示した。

「次に，インゲン豆はどんどん伸びて，でんぷんが含まれている部分が少ししぼんできました。

さらに，インゲン豆から根・茎・葉が伸びて，種がますますしぼんでいきました。」

しぼんだ種に，でんぷんはあるのでしょうか？　調べてごらんなさい。

子供たちは実験に熱中した。

自分のインゲン豆の茎についている「しぼんだ種」は，明らかに色が変わってしぼんでしまっている。ヨウ素液で調べてみると，ほんの少し色が変わるだけである。でんぷんは明らかに減っていることがわかった。

「種に含まれていたでんぷんは，何に使われたのですか。」

これは考えやすかったようである。「植物の成長に使われた」という答えが返ってきた。

ノートに次のようにまとめた。

「種に含まれている栄養（でんぷん）は，植物の最初の成長のために使われる。」

念のために補足した。

「ここまでは，成長するための肥料はインゲン豆には必要ないのです。種にもともと肥料の代わりとなる栄養，つまり，でんぷんがあるからです。種は，でんぷんを使って根を伸ばし，茎を伸ばしていくのです。

でも，茎が伸びてきて，葉も出た今は，種の中のでんぷんは少なくなってきました。これからもっと茎を伸ばし，葉も伸ばすために，このままでんぷんがなくてもいいですか？」

「ダメだろうな……。」

という反応が返ってきた。

「次の時間に，さらに成長するために何が必要かを考えていきます。」

第7時

さらに成長するために必要なものは何かを調べる

インゲン豆のさらなる成長に必要なものを考えさせる

インゲン豆を，さらに「大きく」,「強く」育てるためには，何を与えたらよいでしょうか。ノートに書きなさい。

子供からは次の意見が出た。

・肥料を与える。
・日光を与える。（日陰の植物が弱っているのを見たことがある。）
・たくさんの土を与える。（根がもっともっと広がるように。）
・近くに棒を立ててやると，大きく強く育つ。

「たくさんの土を与える」という意見は，根がもっと広がるようにするとよいのではないか，ということである。バーミキュライトをたっぷりと与えているので，十分に根が伸びていることを確かめさせた。また，バーミキュライトの土の量が違っていても成長にそれほど差がないことを，子供どうしのポットを比べて確認させた。

「近くに棒を立ててやる」のは，添え木といって，まっすぐ茎が伸びるようにするためのものだと教えた。

結局，「肥料」と「日光」の２つに実験の内容を絞ることにした。

教科書どおりの実験の進め方

ここから，実験ノートの作成に入った。教科書でいえば「実験２」となっているところである。

いつものように，初めに私が教科書の「実験２」を音読した。続いて，発問によって，実験ノートに何を書けばよいのかを確認していく。

「まず，何を書きますか。」

「目的です。」
「目的は何ですか。」
「植物が成長する条件を調べる，です。」
「次に何を書きますか。」
そして，実験方法，準備物（「書いていない準備物は使えません。」），結果はどうなるか，その予想を書かせた。

条件の統一を常に意識させる詰めの指導

ここで，詰めの指導をすべきである。

比べるための２つのインゲン豆の大きさは違っていてもいいですよね。

もちろん，同じ大きさのものを使用しなければならない。ほとんどの子がほぼ同じ大きさのインゲン豆を２つ育てているが，中には大きさが違う子もいる。その場合は，大きさをそろえるために，班で交換させなくてはならない。

肥料は，粒状のものを用意した。実験のためのインゲン豆は，黒ポットにバーミキュライトを入れたもので育てている。バーミキュライトも粒状の肥料もホームセンターで売っている。教材セットよりも，ホームセンターで買ったほうが，少しだけ安くつく。

日光が成長に必要かどうかの実験をする子には，黒のゴミ袋を配った。ゴミ袋をポットにかぶせるだけで完成である。呼吸のために，空気が入る穴をあけておく。穴は水やりのためでもある。黒のビニール袋をきちんと止めていないと，風で飛ぶことがあるので注意する。少し大きめの袋にするのがコツだ。植物の成長は思ったより早いからである。ダンボールの中で育てさせてもよい。

子供たちは，見開き２ページの実験ノートを作るのに，だいぶ慣れてきていた。

第8時

植物をもっと大きく成長させるための条件をまとめる

植物の成長の違いを確認する

20日たって，結果を調べた。

ビニール袋で覆いをされたインゲンの葉は，みごとに黄色になっている。反対に，日光をよく浴びた葉は，緑色である。すばらしい実験結果だと力強くほめた。

日光に当てなかったものは，明らかに茎が細いし，葉の色も黄色で，あまり成長していないように思える。というより，ほとんど枯れているものもある。

肥料をあげたものとあげていないものにも，違いは表れてきている。背の高さ，茎の太さなど，違っているのだ。

2つの植物を比べて，違いをノートに書きなさい。

これは，実験ノートの右側に書かせた。「結果」としてである。「日光に当てると葉が緑色だが，日光に当てていないと葉は黄色くなる」，「日光に当てていないほうは弱々しい」，などである。

肥料についても書かせた。もし自分が肥料の実験をしていなくても，友達のを観察させてもらうようにした。「肥料を与えたインゲンのほうが背が高い」などといった発見が出た。

結果から結論を導かせる手順

次に結論を書かせた。

いつもきくことは同じである。

「次に何を書きますか。」

「結論です。」

「結論は，目的に対する答えです。目的は何でしたか。」
「植物の成長に必要な条件を調べる，です。」
「では，その目的に対する答えを結論として書きなさい。」
「植物の成長には，日光と肥料の２つの条件が必要である」というようにまとめられた。

知識を確実に習得させるための詰めの指導

ここで，詰めを行った。
「植物の成長に必要なものは何ですか。」
「日光と肥料です。」
これはすぐわかる。今学習したばかりだからだ。
「では，水はいらないのですか。」
子供は「えっ？」という顔になる。もちろん，必要である。
「教科書には，『水のほかにどんなものが必要か？』と書いてあります。この実験はもともと，水以外に何が必要かを調べていたのでしたね。植物がよりよく成長するために，必要なものが，肥料と日光なのです。どちらもなければ，弱々しい植物になるか，大きくなるまでに枯れるかもしれません。では，発芽に必要なものは何でしたか。」
これも，子供たちの中に「えっ？」と顔を見合わせている子がいる。「発芽ですよ。」と念を押す。「わかった！」という声がする。芽が出るときに必要なものである。「水」と「空気」と「温度」である。
このように，詰めの指導を行うことで，何度も何度も大切な知識を定着させていく。
実験結果が出てから，学年の畑にインゲン豆を植えた。実験し終わったあとも，育てていく姿勢を示すことが大切である。

III メダカのたんじょう

全部見せます 小5理科授業

Ⅲ　メダカのたんじょう

最も大切なのは，実物を準備することである。

4月の段階から，メダカを飼っておくとよい。この段階では，メダカはそんなに多くは必要ない。オスとメスが混じったメダカ6匹程度で十分である。用意したメダカを水槽に入れておく。水の量を多くすること，水草を入れておくことがポイントだ。

メダカの学習は6月頃に始まる。4月にほんの少しのメダカを用意する。2か月間にわたって子供たちは実にさまざまなことを観察することができる。卵を産むところ，卵が水草についている様子，卵を見るとメダカの目らしきものが見えること，生まれたばかりのメダカが小さいこと……。全て観察できる。

水草についた卵は，移し替える。水がたっぷり入る深めのシャーレに，水草ごと移す。卵の成長が観察できる。メダカに関する情報を蓄積させたうえで授業を行っていく。

授業では，実物のメダカの観察を行う。最低でも1人1匹は用意したい。メダカについての情報は，ある程度子供に蓄積されている。そのうえで，子供が気付かないような情報を学ばせていく。今まで思ってもみなかった知識を獲得したとき，子供たちは「そうだったのか！」と感動の声をあげる。メダカのことを何も知らない状態で授業をするのではなく，少し情報を与えておいたうえで授業を開始するのである。教室にあらかじめメダカを飼っておくだけで可能である。

授業が本格的に開始する前に，メダカを大量に購入する。2つの大きな水槽を用意して，1つの水槽に15匹程度のメダカを入れておけばよい。水槽を2つ用意するのは，病気が発生してメダカが全滅するのを防ぐためだ。

習得させたい知識

1　魚には雌雄があり，メスが卵を産むこと。
2　卵は日がたつにつれて中の様子が変化して孵化すること。
3　魚は，水中の小さな生物を食べ物にして生きていること。

習得させたい技能

1　顕微鏡や解剖顕微鏡を正しく使用することができる。
2　魚を飼育することができる。
3　卵や微生物のスケッチをすることができる。

単元実施計画

時　間	学習内容と指導方法の重点
第1時	【習得】メダカの飼育のための準備を開始する
第2時	【習得】オスとメスの体の違いを知る
第3～5時	【習得】卵が変化していく様子を観察する
第6時	【習得】生まれたメダカと親メダカの違いを観察する
第7時	【探究】水中の小さな生き物を観察する＜低倍率＞
第8時	【探究】水中の小さな生き物を観察する＜高倍率＞
第9時	【探究】陸上の小さな生き物を観察する
第10時	【活用】学習したことをノートにまとめる

なお，2017年の学習指導要領の改訂で，「水中の小さな生物」は，第6学年の「生物と環境」において教えることになった。ただし，せっかくメダカを育てているので，メダカが水中の小さな生物を食べて生きていることをここで教えておくチャンスである。そこで，本授業案では，水中の小さな生物についても触れるようにしている。

第1時

メダカの飼育のための準備を開始する

飼育のための準備はこう行う

重要なのは，水草である。水草を入れておくと，酸素を供給できるし，卵を産みつけることもできる。近くの用水路や川で藻を採ってくるとよい。オオカナダモかコカナダモを採ってくる。

各班に一つの水槽を準備する。ペットボトル(2ℓ)を用意してもよい。

水槽用の砂利は，市販のものを用意するのが早くて簡単である。運動場の砂利を使う場合は，水洗いし，ゴミを取り除いてから使用する。

メダカの家をつくります。必要なものをノートに書きなさい。

次の意見が出た。

・水草　　　　・空気
・砂や石　　　・容器
・水　　　　　・メダカのオスとメス
・エサ

1つずつ，「どうして必要だと思ったか？」を聞いていった。

「なぜ水草が必要なのですか」

子供の意見は次のとおり。

・水草についた小さな虫をメダカが食べる。
・水草から酸素が出てきてメダカが喜ぶ。
・メダカの隠れ家になる。
・卵を水草に産むことができる。

このように，次々と「なぜ必要なのか」を確認していった。

ちなみに，「砂や石」はなぜいるのだろうか。

メダカの隠れ家になるし，ゴミをとってくれる小さな生物のすみかにもなるというのが理由である。

メダカの飼育の仕方を考えさせる

メダカの世話でやったほうがよいことを2つ言いなさい。

・餌やり（1日に1回）
・水替え（1週間に1回）

水を入れたら水草を取りに来なさい。
水槽に入れる砂利を洗って中に入れなさい。
砂利を入れたら，メダカを1匹だけ入れなさい。

これで，時間差ができる。混雑しない。

酸素の供給のため，ペットボトルには少し空気が入るようにするとよい。また，砂利は，市販のものも軽く水洗いしてから使用するとよい。

メダカを「1匹だけ入れる」というのは，意味がある。あとで，オスかメスかを判定するためだ。

飼う時に注意することは何ですか。

念のためにもう一度確認した。「1週間に1回ぐらいの水替え」と「1日1回の餌やり」の2つである。係も班の中で決めさせる。

日光がさして，ペットボトルの中が暖かくなる場合は，ペットボトルの上の部分を少しカッターで切り取り，空気穴をあけるとよい。

第2時

オスとメスの体の違いを知る

メダカを観察させる方法

あらかじめ，教室の水槽にいるメダカをビーカーに移しておいた。ビーカーには，1～2匹のメダカを入れておく。

ペアで1つのビーカーを配るとよい。

メダカを見て，気付いたことをノートに書きなさい。

- 目玉が開きっぱなし。（人間と違ってまぶたはない。）
- 口が目玉と同じぐらい開く。
- いつも口をパクパクと動かしている。
- 体の中が透けていて，血管が見える。
- おなかが大きいものと小さいものがいる。
- ビーカーの中で，外に向かって泳ぎ続けている。
- 色の違うメダカがいて，オレンジ色と黒色のメダカがいる。

教科書のメダカの絵を参考にして，メダカをスケッチしなさい。

はじめ「難しいかな」と思ったが，子供たちはものすごく集中して

作業を続けていた。

私も，黒板にメダカのスケッチを描いた。スケッチの苦手な子は，私の絵を参考にして，ノートに書き始めていた。

オスとメスの違いをノートに描きなさい。

・背びれの形
・尻びれの形
・おなかの大きさ

ここで，「背びれ」，「尻びれ」，「尾びれ」などの言葉を覚えさせる。口に出して言わせることが大切だ。教師のあとについて何度か読ませる。

子供が本気で観察するようになる指示

メダカの家に，オスとメスを１匹ずつ入れます。つがいになると，卵を産むからです。ペットボトルとビーカーに入ったメダカのオスとメスを判定しなさい。

つがいにするため，メダカを真剣に観察せざるをえない。

ビーカーに入れたメダカは判定がしやすい。ペットボトルは，少しデコボコしているので難しい。

どうしてもわからない班がいたら，私が教えるようにした。

子供たちは熱中して判定に取り組んでいた。メダカが動いていても，子供たちはほぼ正確に判定をすることができた。

ペットボトルのメダカの家に，オス１匹とメス１匹を入れなさい。

子供たちは大切そうに，メダカをペットボトルに入れていた。

卵が産まれるかどうか，この先，観察を続けなさい。
卵が産まれたら，シャーレに入れておきます。

シャーレに入れておくのは，解剖顕微鏡で観察するためである。

水をこまめに補充しないと乾燥して卵がダメになるので，気を付ける。

第3～5時

卵が変化していく様子を観察する

解剖顕微鏡の使い方をどう習得させるか

教室の後ろに，解剖顕微鏡を7台設置した。シャーレに入った卵を観察するためである。しばらくしてほかのクラスの子も見られるように，廊下へと移動した。

休み時間などに，観察をするように言った。たくさん見たい子は，それぞれの卵の様子を比べながら見ていた。

卵のスケッチは定期的に行った。

授業でスケッチをするときになって，正しい解剖顕微鏡の使い方を教えた。使い方の説明は，教科書の追い読みで行った。教師のあとに続けて子供にも音読させたのである。

まず，子供に解剖顕微鏡を使わせてみる。次にきちんと手順を音読で確認する。これだけで，正確に使えるようになる。

念のため，詰めの指導も行った。

「なぜ，レンズを遠ざけながらピントを合わせるのですか。近付けながらピントを合わせたらいいのではないですか。」

これは，難しかったが，何人かが正解した。

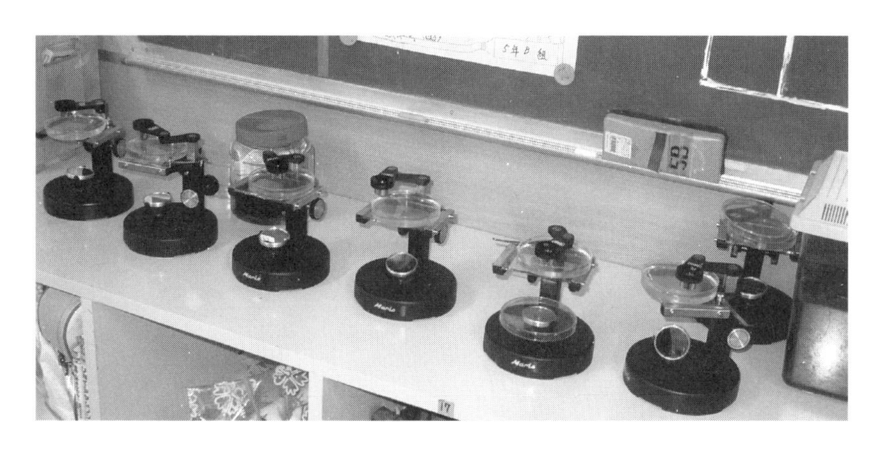

「卵にぶつかったらいけないから。」
これが正解である。横で見て，ぎりぎりまで近付けてから，遠ざけてピントを合わせるから，卵にレンズがぶつかる心配がないのだ。
使い方のポイントは，明るさのコントロールである。鏡を使ってできるだけ明るくしなくてはならない。が，これが多人数での観察となると難しい。光が入ってくる方に人が立って遮ってしまうと，影ができて，暗くなってしまうからだ。

卵のスケッチのさせ方

スケッチは，ノートに行った。これも鉄則である。スケッチの枠を自分で書かせればよいのだ。あらかじめ枠が書いてあるプリントを用意するから，ノートがぐちゃぐちゃになる。プリントがはみ出たようなノートになってしまうのだ。
「13 マス× 13 マスの四角を書きなさい。」
これだけで，さっとスケッチの枠を作り上げることができる。
観察スケッチで気をつけることは次である。
「できるだけ大きく描きなさい。」
「線は 1 本で描きなさい。」
「10 秒見てから，次の人と交代しなさい。」
10 秒はけっこう長い。
10 秒見て，次の人に代わる。
10 秒見て，1 つの部分を書く。
4 人班に 1 つの解剖顕微鏡を用意したので，30 秒待てば，自分の番が回ってくる。どの子も満足して観察することができていた。
「10 倍」のレンズでまずは観察するように言った。慣れてきたら「20 倍」のレンズで観察をするように言った。大きく見えるので，子供たちは大満足である。

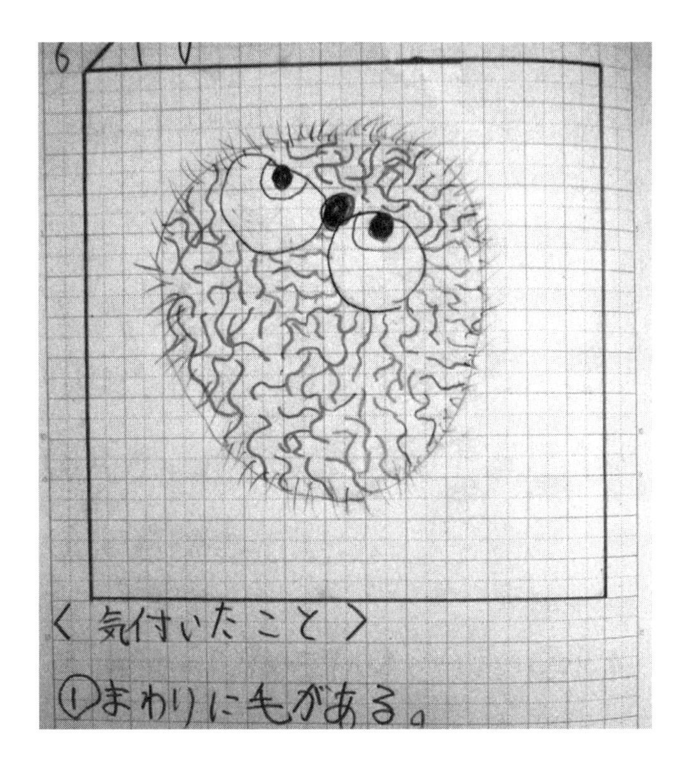

早くスケッチができた人は，気付いたことをノートに書きなさい。

・メダカの心臓が見えた。
・メダカの卵の中に赤い線がたくさんあった。
・泡みたいなものが見えた卵があった。この泡は何だろう。
・目玉がよく見えた。
・中で動いているものもいたようだ。
・少しだけ茶色みたいな色も見える。黄色っぽい卵もある。
・卵のまわりに毛がある。

メダカ以外の発見は，次のとおり。

「メダカの卵のそばで，ものすごく小さな生き物が泳いでいた。」

これは，あとで学習する水中の微生物の観察につながるものである。

さまざまな成長をしている卵を観察させる方法

1つの班のシャーレに，卵が5個程度入っている。

班によって，卵の成長の程度が違っている。

気付いたことを書けた人は，ほかの班の卵を観察しに行きなさい。

別の班の卵を見て，驚く子供が多かった。

「ここの班の卵からメダカがもうすぐ出てきそうだ！」

「ここの班の卵は，産まれたばかりで泡しか見えない！」

授業が終わったあとも，ずっと観察している子が5人ほどいた。早く卵から出てきてほしいと願っている様子がよく伝わってきた。

このあとも，定期的に卵のスケッチを行った。

子メダカが生まれた時点で，まとめを行った。教科書の卵の写真を見せながら，卵の成長過程をまとめたわけである。

第6時

生まれたメダカと親メダカの違いを観察する

生まれたての子メダカを観察させる方法

定期的に卵の観察を続け，ついに，たくさんの子メダカが生まれた。

生まれたメダカを顕微鏡で観察します。気付いたことをノートに書きなさい。

生まれたばかりのメダカを顕微鏡で見て，子供たちは驚きの声をあげた。解剖顕微鏡で拡大してみると，普通のメダカと全く形が違うのである。腹が大きいし，ひれもあまりよく見えない。やはり実物を観察すると感動は大きい。

観察のときに工夫すべき点がある。卵の観察と違い，メダカは動くため，顕微鏡で観察しにくい。
そこで，シャーレの水を少なめにして，動きにくくさせるか，または，時計皿にほんの少しの水と一緒に移すことで，観察がしやすくなる。時計皿のまん中にじっとしているため，観察がしやすい。

子メダカが親メダカと違うのはなぜか

子メダカが親メダカと違うのはどんなところですか。

形，腹の大きさ，ひれが目立たない，などである。
最も異なるのは，腹の大きさである。子メダカの腹は体に不釣り合いなほどに大きい。

生まれたばかりのメダカのおなかは膨らんでいます。何がつまっているのですか。教科書から見つけなさい。

答えは「養分」である。

なぜ，生まれたばかりのメダカのおなかに養分がたくさんつまっているのですか。

「餌がうまくとれないから。」
という答えがすぐに出た。
「植物の成長」と似ているという声があがった。発芽のあとの成長に，種の中の養分が使われることと似ているというのである。

次の時間の学習への意欲付けを図る

ここで，もう一歩突っ込んだ発問をした。

では，子メダカが，養分を使い切ったとします。餌をくれる人間はいないとします。子メダカは何を食べているのですか。

これは知っている人がいた。
「プランクトンです。」
「水の中の小さな生き物です。」
という答えが出た。

「小さな生き物＝微生物」という用語を教えた。次回から，水中の微生物を観察することを告げた。

授業後，子メダカは，もっと大きな水槽へと移した。生まれたメダカをシャーレに入れておく場合，水を定期的に補充する必要がある。1日でかなりの水が蒸発してしまうためだ。気が付いたらシャーレが乾燥して，メダカも卵も全滅ということになりかねない。水をシャーレに多めに入れておくようにする。

また，後ろの黒板の近くに置いておくと，チョークの粉が入ってしまうことがある。できるだけほこりが入らないように，観察するとき以外は，シャーレのふたをしておくとよい。

第7時

水中の小さな生き物を観察する<低倍率>

微生物の観察で最も大切な物とは

微生物の観察で最も大切なのは，微生物が多量に存在する水を用意することである。

いちばん観察しやすいのは，田の水である。田の水をよく観察すると，ミジンコが多くいる場所がある。そこの水を採取すれば，観察は簡単にできる。田の水は，私が用意した。

しかし，授業の開始時，次のように言った。

水の中にいる小さな生き物を観察します。これから池の水を採ります。微生物は，池の上の方の水よりも，池の藻の中，岩についている藻などにたくさんいます。

子供たちと池の水を採取したのは，自分で採った水のほうが思い入れがあるからだ。私が用意した水を見て終わるよりも，自分たちで集めた水を観察したほうが，学べることはたくさんある。

たとえ自分たちが採取した水に微生物があまりいなかったとしても，学校の池にはミジンコなどの大きな微生物があまりいなかったという学びになる。

割り箸と，班に1つのプラスチックケースを用意した。やんちゃな子が手を伸ばして池の底や藻の中の汚れたような水を採っていた。

「じっと観察していると，小さな生き物が動いているのが，見えることもあります。」

などと言うと，みんなシーンとなって観察をしていた。

顕微鏡の使い方を教える

理科室に戻り，観察となった。まずは顕微鏡の使い方を教えた。

最初に，私が使ってみせた。使い方のややこしい実験器具の場合は，やってみせるのがいちばん理解させやすい。

鏡を使って明るくするということを強調した。明るくしないと，暗くて全く見えないということになるからだ。

ピントの合わせ方も教えた。「近付けてから遠ざける」である。これは，解剖顕微鏡の合わせ方と同じである。子供たちはすぐに「なぜそうするのか」を理解できていた。レンズが観察する物に当たらないようにするためである。

微生物を確実に観察させるためのポイント

顕微鏡の使い方を教えたあとに，代表的な微生物を紹介した。

やはり，あらかじめ「何を見つけるのか」のイメージをもつことが大切だ。こんな微生物がいるということを先に教えていると，子供たちに観察の視点を与えることができる。

準備と片付けの指導

ピペットやビーカーは，自分で用意して，自分で片付ける。基本的に，理科室の実験用具は子供が用意できるようになっている。（子供が触って危険なものは，全て理科準備室に置いてある。）中学年でも，自分で実験用具を探し，片付けももとにあったところに片付けることができていた。

ちなみに，ビーカーやピペットなど，ガラスでできたものは，水洗いをしたあと，水がついたままでよいので，そのまま片付けるようにしている。さびることがないからだ。ガラスについた水は自然に蒸発するので，いちいち乾かすことをしない。すぐにしまえばよい。

子供が準備をして，実験開始。

観察に熱中させる方法

「こんな生物を見つけるのだよ」と教えていても，なかなか見つからない。理由は２つ。

まず，学校の池の水にあまり微生物がいないことである。正確に言えば，ミジンコのような少し大きめの微生物がいないのだ。小さすぎて見えないのである。

もう１つの理由は，顕微鏡の操作に習熟していないからである。２人で１つの顕微鏡を使っている。が，なかなか使いこなすまではいかない。

10分ほどして，何かよくわからない生物が発見された。ゴミと明らかに違っていて，規則正しい形をしている。また，ごく小さい丸い虫を発見した子もいた。さらに，毛のはえた虫を発見した子もいた。

このように，微生物を発見した子が出るたびに，私が「○○さんはこんな微生物を発見したよ！　すごいなあ！」と黒板に描いていった。

「へえ。そんな形のものがいるのかあ！」

「それなら，さっきいたかも……！」

いっきに教室はヒートアップする。自分たちも見つけてやろうと意気込むことになる。

途中から，田の水を使ってもよいことにした。明らかに微生物が動いているのが，肉眼でわかる水である。

ここからは，全員が何かの微生物を発見していた。ミジンコ類，クモのような生物，ヘビのような生物，たくさんの微生物が見つかった。

「先生，次回もぜひやりたいです」と言いにきたのは，なかなか見つけられなかった班である。次回はもっとたくさん見つけるというのだ。

第8時

水中の小さな生き物を観察する<高倍率>

顕微鏡観察における指導のポイント

前回の顕微鏡実験で，子供が苦戦したのは，次の3点である。

・鏡を操作して光を当てる。

・ピントを合わせる。

・倍率を工夫する。

特にできていなかったのが，倍率の工夫である。

大きなミジンコを中心に観察を行ったので，倍率を上げる必要はなかった。ほとんどの子が40倍での観察しかしていなかった。

そこで，今回は，100倍以上の倍率を使わせることにした。ミジンコではなく，ゾウリムシやワムシ，ミドリムシを中心に観察させたのである。ゾウリムシやワムシは，100倍で観察できる。ミドリムシやツリガネムシはもっと小さい。400倍で観察を行う。

倍率を上げざるをえない状態にする

あえて，ミジンコがあまりいない水を用意した。水の中にいるのは，ほとんどが，ゾウリムシとワムシである。

子供たちは，最初40倍で観察を始めた。ところが，小さすぎて何も見えない。よく見ると，ごく小さな生き物が動いているのが見える。

それも，画面に 20 匹以上いる。

倍率を上げないと見えないことに気付いた子が，倍率を上げ始めた。倍率を上げると，かなりよく見える。こんなにも小さな生き物がいることに驚いていた。

ここで初めて，水中にはかなり多くの微生物がいることが実感として理解されたようであった。

つまり，第 7 時では，ミジンコなど大きな微生物を探すのが中心であった。中には，クモのような巨大な生き物を観察した子もいた。そして本時は，もっと小さな生き物を観察することが中心となった。倍率を上げて，拡大して観察することも習得させることができた。

第 9 時

陸上の小さな生き物を観察する

新しい理科授業を創造するための 3 つのポイント

陸上の小さな生き物の観察は，発展学習である。教科書では，水中の生き物を観察して終わりである。そこをあえて，「陸上に微生物はいるのか」を探究させることにした。学校公開授業で行った授業である。

およそ，理科の授業を新しく創るうえでは，次の 3 点が大切になる。

1） 実物を準備する
2） 子供があっと驚くネタを用意する
3） 発問と授業の組み立てで効果的に子供に伝える

授業の準備段階から紹介する。この 3 点をどのように満たしていったのかを読み取ってほしい。

陸上の微生物の実物を準備する

授業をする前に，すきま時間を使って，コケを採集しに行った。

コケは水気のある場所ならどこでも生えている。コンクリートの間などにもたくさんある。

クマムシをメインに観察したかったため，ギンゴケを採取した。クマムシは，どこにでもいる陸上の小さな微生物である。コケの中で生活をしている。クマムシは，劣悪な環境にも耐えられる力をもっている，おもしろい微生物である。しかも，形がかわいらしい。

さて，校庭に出て「コケのありそうなところはどこか」と問うと，「池の周りにありそう」という意見が出た。そこで，さっそく校庭の池に行くことにした。

すぐに，コケが発見された。それも大量にである。コケを見つけた子をほめまくった。子供たちはどんどん採ってくる。ただし，クマムシがいるのは，ギンゴケである。

そうこうしているうちに，銀色に光るギンゴケを持ってくる子が現れた。
「銀色に光るコケがあったら，それは貴重だよ！」
とほめた。ギンゴケは，乾燥すると銀色になる。湿っていると緑色である。
ギンゴケはどこでも生えているというのが，実際に採集に行くとよくわかる。この「どこでも生えているコケ」の中に，すごい能力をもった微生物がいるという事実に感動するのである。
5分ほどで，20cm四方の水槽がいっぱいになった。ギンゴケが2cm四方ぐらいあれば，クマムシはだいたい1匹はとれる。たくさんあれば，もっと多くのクマムシの観察が可能である。5cm四方のコケを水にひたして底にたまった水を採ったら，いっきに4匹のクマムシが発見されたこともある。どこにでも見られるのが，このクマムシの観察しやすいゆえんである。
クマムシの観察までの準備と手順を紹介する。

①ギンゴケを採集する。
道路のコケでもよいが，川岸のほうがクマムシの数は多かった。私が採集したのは，3cm四方のギンゴケを30個ほど。これで，16班32人全員のクマムシの観察が可能であった。

②虫を集める装置を作る。
ペットボトル2つを半分に切り取る。口のついたほうを2つ重ねる。ゴミを取り除くため，上に載せるペットボトルの口にはガーゼをしておく。上のペットボトルに，コケを入れ，水に浸せば完成である。

③上から光を当て，2時間～1日ほど置く。クマムシが光を嫌い，下に逃げてくる。

④容器の底の水をピペットでとる。

⑤ピペットでとった水を，シャーレに入れる。

⑥ 100 倍の倍率でクマムシを探す。

石やゴミが混じっているので，その石とゴミにピントを合わせて，探していると，いくらでも見つかる。

最初は，石やゴミが動いているところを観察するとよい。動いている中心にいるのがクマムシであることが多い。ワムシや，ミミズの仲間，センチュウやウズムシなどもいるので，水の中の観察は飽きない。

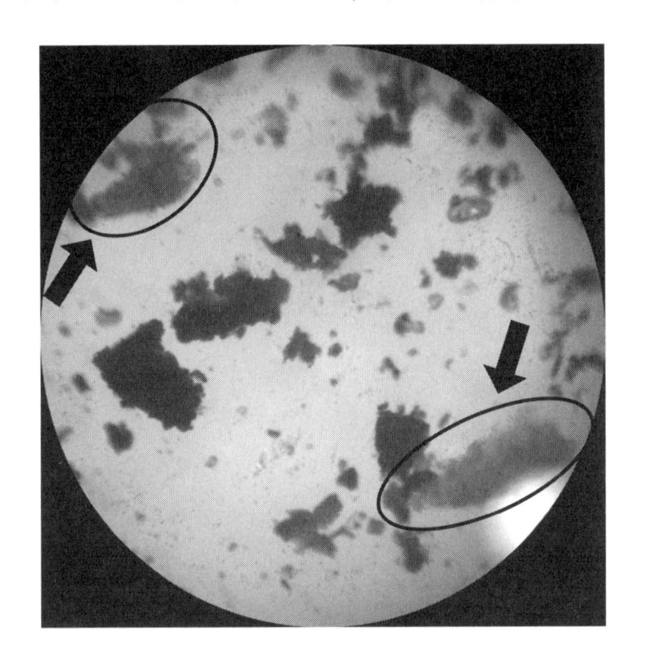

「クマムシの神秘」を授業で教える

「今まで水の中にいる小さな生き物を調べてきました。今日は，陸上に小さな生き物がいるのか，いるとすれば，どんなものがいるのかを調べていきます。」

水以外の場所に小さな生き物はいるのでしょうか。いると思う人？

全員が挙手した。

「では，水の中の微生物と同じでしょうか。同じだと思う人？　違うと思う人？」

「違う」と考えている子が多かった。

「答えを言います。実は，水の中と違った生き物がたくさんいるのです。」

こんな生き物が土の中には生活しています。

こう言って，土の中の主な生き物を写真で紹介し，観察の目を養った。

このあと，ペアで1つのシャーレ，16個のシャーレを用意した。

「見つけたら，ほかの班にも教えてあげなさい。」

2人に1つの顕微鏡を貸した。観察の時間は25分とった。

クマムシ以外の生物もたくさん見つかった。が，メインがクマムシなので，クマムシを見つけた班からは歓声が起きていた。

16の班の中で，5分以内にクマムシを発見した班は5つ。私が手伝った班が3つである。それ以外の8班は，10分以内には自力で見つけていた。

気付いたことを発表しなさい。指名なしです。

「いろいろな生物がいる。」
「場所によって，生物が違う。」
「動いている生物と動いていない生物がいる。」
「足がある。」
「動き回っている。」
などの意見が出た。

水中の微生物と陸上の微生物との違いは何ですか。

大きさ，形，動き方，足がある，などさまざまな意見が出た。
「場所によって生き物は違います。実は，小さな生き物の中には，環境が変わってもなかなか死なない強い生き物がいるのです。暑くても寒くても耐えられる微生物がいるのです。
なぜ，環境の変化に強い微生物がいるのでしょうか。今度はそれを考えていきます。
さて，大昔，人間もゾウもサルもみーんな，大昔は小さな小さな生き物の仲間でした。人間が，小さな小さな生き物だった時代の話です。はい。こんな形をしていました。小さな小さな生き物です。先生も，○○ちゃんも，みーんな同じ小さな生き物の仲間でした。」
「ハンサムな人もいたかもね」などと言うと，笑いが起きた。
「では，人間が人間ではなかった頃の地球に行きます。大昔，何度か地球を危機が襲います。
まずは，6億年前の地球。地球に危機が到来します。さて，みんなならどうやって乗り切るでしょうか。」

生物が大絶滅したときの映像です。

「突然地球が寒くなり，厚い，厚い氷に覆われてしまったのです。氷の厚さは1000m，マイナス50度の極寒の世界です。それも，地球のすべての場所でです。沖縄にも，もっと暑い砂漠の場所にも，雪が降り始めました。そして，氷に包まれていったのです。

氷の厚さは，なんと 1000 m。今なら，ビルも，東京タワーも，人間が造ったどんな建物もすべて，氷に閉ざされてしまいます。（ここで雪が降って，町が凍っていく動画を提示した。）

さて，みんなが，その時代に生きていたとします。みんなならどうやって生き延びますか？」

6 億年前の人類の祖先はまだ小さな生物でした。当然，家もストーブも毛布もありません。ですが，この危機を乗り越えるのです。どのようにして乗り切ったと思いますか。

「岩の間に入る。」
「地下に潜る。」
などの意見が出た。
「答えは『温かい水が湧き出るところに集まった』です。」

今でも，高温の環境に適応して生きている微生物がいる。好熱菌と呼ばれている細菌である。なんと 100 度を超える環境でも，生育が可能なのである。

「でも，地球にはもっと大きな環境の変化が起きたことがありました。

さらに昔，40 億年前ほど。人類の祖先はまだ生まれたばかりだったと考えられています。小さな，小さな生き物でした。

40 億年前，隕石の衝突です。すさまじい熱と炎に地球全体が覆われました。そして海は全て干上がってしまったのです。」

クリックして，隕石衝突の映像を提示した。

この頃の生物は，まだ小さな生き物でした。
どうやってこんな状態の地球で生き延びたのでしょうか。

「答えは『地下深くの石の間に逃げ込んだ』です。

でも，地下に逃げ込んでも，食べ物もありません。空気もそんなにありません。生きられるのでしょうか？

実は，大昔の生物が，塩の中から発見されました。この生物は，空気も水も食べ物もない塩の中でずっと眠っていたのです。塩から取り出すと，生き返って動き始めました。」

40億年前の生物と同様の，2億年前の生物の画像を提示した。

この生物は，塩の結晶の中で，ずっと眠っていました。「休眠」という，栄養や酸素がほとんどなくても生きることのできる能力をもっていました。さて，どれぐらい眠っていられたでしょうか？

「答えは，2億年です。」

現在でも「クマムシ」は「乾眠」という能力を使い，150度もの熱，マイナス273度の極寒，真空，乾燥，6000気圧もの高圧や放射線にも耐えることができることを紹介した。

身近なコケからとれた大量のクマムシの実物を見たあとだったので，感動も大きかったようである。

「去年，おもしろい実験が行われました。宇宙空間に，クマムシを放してみたのです。宇宙空間ですから，太陽の光も強いし，温度も寒かったり暑かったりします。しかも，空気がありません。なんと，『地球最強の生物・クマムシ』は，寝ている状態であれば，宇宙でも生存可能だということがわかったのです。2008年9月9日のニュースです。

小さな生き物の中には，地球の環境がガラッと変わっても，それに耐えられるだけのすべをもっているものがいます。どうして，こんな力をもったのかは，正確にはわかっていません。ひょっとしたら，地球の環境がガラッと変わったときに耐えてきた強さが残っているのかもしれません。」

小さな生き物の世界は，不思議なことが多くてまだわかっていないことが多い。

どうして，クマムシがこんなに極限の環境で耐えられる能力をもっているのかはわからない。だが，わからないことをわからない，不思議だなと子供に伝えることで，子供は陸上の小さな生き物に興味をもったようであった。

参考文献

『NHKスペシャル　地球大進化　46億年・人類への旅』全6巻　日本放送出版協会　2004

『へんないきもの』早川いくを著　バジリコ　2004

『クマムシを飼うには－博物学から始めるクマムシ研究』鈴木忠・森山和道著　地人書館　2008

Ⅳ 花から実へ

Ⅳ　花から実へ

本単元では，「教えて考えさせる」ことを基本として授業を組み立てた。子供に気付かせたり発見させたりするのが難しい知識が多いためである。

例えば，「種ができるまでのメカニズム」である。めしべの先に花粉がついて，花粉管が伸びて受精し，そのうえで種子ができる，といった知識に気付くというのは無理な話である。

「ヘチマの種はどのようにできますか」という発問をした授業を見たことがある。誰も答えずに授業が停滞してしまっていた。発問も曖昧だが，観察だけで「ヘチマの種ができるしくみ」に気付くことは不可能である。予習をしている子しか答えられない発問である。教科書の予習を期待した学習は，邪道だと考えている。予習をしてくるのは一部の子だけだからである。できない子を見捨ててしまう授業は避けたい。

自然と発見できるような知識を学習するのであれば，発見学習のような授業の組み立ても可能だ。だが，本単元では難しいと考えた。

「教えて考えさせる授業」では，何を教えて，何に気付かせていくかを判断するのがポイントになる。

教えるべき知識は，子供が自然に気付いたり，発見したりすることが難しい知識である。

知識を与えたうえで，思考させる授業展開を心がけた。

習得させたい知識

1　花には，おしべとめしべ，がく，花びらがあること。
2　花粉がめしべの先につくことで，めしべのもとが実になり，実の中に種子ができること。
3　花粉を運ぶのに，風や昆虫が関係していること。

習得させたい技能

1　条件制御を伴った実験を考えることができる。
2　実験結果を予想しながら実験を行うことができる。
3　顕微鏡を正しく操作して，花粉の特徴をとらえることができる。
4　観察の視点をもって花や実を観察することができる。

単元実施計画

時　間	学習内容と指導方法の重点
第１時	【習得】雄花と雌花を観察する
第２時	【習得】いろいろな花の花粉を観察する
第３時	【習得】花粉がつかないと実や種はできないのか
第４時	【習得】花粉の有無で雌花のもとがどう変化するのか
第５時	【習得】おしべとめしべのある花があることを知る
第６時	【探究】ほかの花の花粉をつけたら実や種はできるか
第７時	【活用】受粉から結実までのしくみをまとめる

第1時

雄花と雌花を観察する

観察する前に観察の視点をもたせる

「1学期に植えたヘチマが，夏休みの間に大きく成長しました。花がたくさん咲いています。実もできています。」

ヘチマは，外の畑だけでなく，教室横のベランダにも植えてある。教室のすぐ横のベランダなら，毎日観察できるからだ。子供がよく目にする場所に植えるのがポイントである。

「ヘチマの花がたくさん咲いています。ヘチマの花には2種類あります。教科書で確認しなさい。」

観察の前に，観察の視点を与えるようにした。教科書には，ヘチマの雄花と雌花の写真が載っている。

雄花と雌花では何が違いますか。ノートに書きなさい。

雌花のもとが膨らんでいる，雄花はつぼみの数が多い，などが出た。

「雄花と雌花をスケッチしなさい。」

私も，黒板に雄花と雌花の絵を描いた。図工のように描写をするのではなく，簡単に模式図のように描いた。スケッチの苦手な子は，私の絵をまねしていた。教科書の写真を絵に描くよりも簡単だからである。

花の各部の名称も簡単に教えた。ある程度，観察の視点を与えないと，漠然と観察してしまうことになる。観察のものさしを与えることが大切だ。

雄花と雌花を探させる

雄花と雌花の違いを確認したあとで，花の観察の時間をとった。

> **雄花と雌花を探しなさい。**

視点をもたせても，わからない子は苦戦している。雄花を指さして
「雌花があった！」
などと言っている。
「これが雌花だよ。雌花のもとは膨らんでいるよ。」
わからない子には，私が教えるようにした。
全員が雄花と雌花を発見したことを確認し，次のように指示した。

> **ヘチマはどこにありますか。探してごらんなさい。**

大小さまざまな形のヘチマを発見することができた。大きなものもあれば，今から大きくなりつつある小さなヘチマもあった。ヘチマが雌花のもとにできていることに，この時点で気付いている子がいた。
おしべやめしべなどを観察させるときには，虫眼鏡を使用するとよい。

観察して気付いたことを共有させる

観察から戻り，指示した。

> **ヘチマの花と実を観察して，気付いたことをノートに書きなさい。**

子供から出た主な発見は次のとおり。

- 雄花と雌花は近くにある。
- 雄花の数は多いけど，雌花は少ない。
- 雌花の下に，ヘチマによく似た部分がある。

・大きくなったヘチマの下の部分に枯れた花がついている。
・花を触ると，黄色い粉がついた。

黄色い粉は，「花粉」と呼ばれていることを教えた。

発問によって子供の認識を確認する

ヘチマの実は雄花にできていましたか。それとも雌花にできていましたか。

すぐにわかる子もいたが，意識して見ていない子にとっては，この発問は難しかったようである。

「ヘチマは雌花のもとにできる」ことを確認させた。

種はどこにできますか。

これは4年生のときに学習している。多くの子が覚えていた。「ヘチマの中にできる」とすぐに答えが出た。

ヘチマの実と種ができるしくみを教える

ここで，2つの写真を提示した。

「先ほど観察した雌花の中には，花が咲いたあと，2つの道をたどったものがありました。1つは，花が咲いたあとヘチマになる部分が大きく膨らんできました。もう1つは，ヘチマになる部分が小さくなってしぼんでしまいました。なぜ，こんな違いができてしまったのでしょうか……。実は，雄花の花粉が雌花の先につかないと，ヘチマができないのです。」

雄花から雌花に花粉が飛んでいく様子を，絵に描いてみせた。絵に描くと「ほぅ，そういうことか」と納得している子がいた。口で言っただけでは，頭でイメージできない子がいる。絵で描きながら説明す

ると，わかるようである。

「『花粉がつかないと，本当にヘチマの実や種ができないのか』をこれから実験で確かめていきます。片方の雌花を袋に包んで，花粉がつかないようにするのです。」

次の時間にヘチマの花粉を顕微鏡で見ることを伝えた。「楽しみー！」の声があがった。

第2時

いろいろな花の花粉を観察する

花粉をセロハンテープで集めさせる

「『花粉がつかないと，実ができない』ということは前回教えました。実ができないということは，種もできないということになります。ということは，子孫を残せずに，全滅してしまいます。それほど大切な花粉を，今日は，観察します。」

4人班でチームを組みます。いろいろな花の花粉を採ってきなさい。

子供たちに，自分のセロハンテープを持っていかせた。

中庭に出ると，ヘチマがある。まずは，そこでヘチマの花粉を大量に採った。セロハンテープで少し触れただけで，大量の花粉を採ることに成功。子供たちは採れた花粉の量に驚いていた。

ほかにも，アサガオ，マリーゴールド，ヒマワリ，百日草，コスモスなどの花粉を採った。

花粉を顕微鏡で観察させる

理科室に戻り，観察開始。

1学期に顕微鏡の使い方を繰り返し教えていたので，さっと用意して観察している子が多かった。300倍の高倍率での観察を行った。花粉が見えた時には，感動の声があがっていた。

ノートに花粉の形をスケッチしなさい。

ノートには，「倍率」も書くとよいことを教えた。

スケッチの下には，気付いたことを書かせた。観察のときには，毎回スケッチの下に気付いたことを書かせている。だから，子供たちは教師に言われなくても，発見したことを箇条書きするようになる。

主な気付きは次のとおり。

・花によって花粉の色が違うようだ。
・花粉の形が違っている。
・花粉の形は違うが，だいたいどの花粉も丸かった。
・花粉によって大きさが違っていた。
・マリーゴールドの花粉は黄色だった。
・ヘチマの花粉を見ると，ヘチマの種みたいだった。（米粒の形に似ていた。）
・花粉のまわりにトゲトゲがあった。

スケッチした絵の隣に，セロハンテープについた花粉の実物を貼らせた。細かいことだが，実物を貼っておくというのが大切だ。あとで見たときに「こういう花粉だったな」とわかる。

第3時

花粉がつかないと実や種はできないのか

実験方法を実験ノートにまとめさせる

教科書に書かれてある実験方法を，私が音読した。

「実験ノートに最初に書くことは何ですか。」

理科の苦手だった子が，さっと答えた。

「目的です。」

「目的は，さっき教科書に書いてありました。何ですか。」

これも，理科が苦手な子が手をあげた。実験ノートの書き方は繰り返し学習しているので，答えやすいのだろう。教師の音読のあと，実験ノートの書き方を尋ねて，子供がさっと答える。これが，授業のリズムをつくっていく。

実験ノートは,「目的,実験方法,準備物,結果の予想,気付いたこと,結果,結論」の項目で書くように指示した。

いつものように,シーンとした中で美しい実験ノートが作られていった。不思議と,やんちゃな子ほど集中している。今まで実験ノートを書いたときには必ず評定をしているので,緊張感があるのだ。

本当にわかっているかを確認する

実験ノートを書かせている際,きりのよいところで,ところどころ子供に質問をしていった。本当にわかっているかどうかを確認するためである。

「実験方法の①は,『雌花のつぼみを見つける』です。ところで,つぼみは何個見つけるのですか。」

「2個です。」

「では,どんなつぼみを見つけると教科書に書いてありましたか。」

「明日花が咲きそうなつぼみです。」

「実験方法の②は,『袋をかぶせる』です。両方に袋をするのですか。それとも,片方だけに袋をするのですか。」

2人,片方だけに袋をするのだと勘ちがいをしていた。どうせ1つは花粉をつけるのだから,袋をかぶせなくてもいいと思っていたのである。ところが教科書では,両方のつぼみに袋をかぶせることになっている。

「片方にどうせ花粉をつけるのだから,1つは袋を最初からしなくてもいいのではないですか。なぜ,両方に袋をしなくてはならないのですか。」

これは,意外にもあっさり答えが出た。しかも,やんちゃな子がはっきりと答えたのでびっくりした。

「比べる実験をするときには,条件を同じにしなくてはならないからです。」

すばらしい答えである。

また，ある子は言った。この子もやんちゃな子である。

「先生，つぼみの大きさも同じにするんでしょ。条件の統一だから。」

なるほど，である。

予習をしている子は，意外と「なぜ袋を最初から2つともかぶせているのか？」というような問題には答えられないのが不思議である。

結果の予想の書き方を教える

結果の予想は，型を教えて，型どおりに書かせた。

・花粉がつかない場合，ヘチマは　＜できる・できない＞

・花粉がついた場合，ヘチマは　＜できる・できない＞

私が最初に，花粉が雌花のめしべにつかないとヘチマができないことを教えていたので，全員が「花粉がつかないとヘチマはできない」と予想していた。

実験のセットをする

ノートを書き終わって，ヘチマのつぼみを探させた。明日咲きそうなつぼみは数が少なかったので，私が実験のセットをすることにした。乱暴にやると，雌花のつぼみがとれてしまう。袋をつけるにはコツがいる。

まず，ヘチマのつぼみがすっぽり入って，しかも余裕がある袋を用意すること。紙袋だと，太陽の光が当たっても，あまり膨らむことはない。だが，大変つけにくい。ホームセンターなどで，100枚入りぐらいで売っている小さな袋がちょうどよかったので，それをつぼみにかぶせた。ただし，ビニール袋だと，温室効果で中が暖かくなってしまい，中のつぼみが弱ってしまう危険もある。

モールで止めようとしたら，つぼみが落ちそうになったので，セロハンテープで袋を閉じることにした。ビニール袋の最大の利点は，中身が見えることである。花が咲いたらすぐにわかるのだ。

第4時

花粉の有無で雌花のもとがどう変化するのか

実験の途中経過を子供に観察させる

数日後に花が咲いたので，筆を使って花粉を付けた。

花粉を付ける前に，雌花の先に花粉がついていないかどうか確かめたい子がいたので，指で触らせた。雄花と違って，花粉はつかない。

そうして，筆の先に雄花の花粉をとり，雌花の先につけた。念入りにつけたので，「これで大丈夫だね」と子供たちも満足げであった。

数日たって，花粉をつけたほうの雌花のもとは，どんどん膨らみ始めた。数日でこんなにも急激に膨らむのかと，子供たちはびっくりである。

花粉をつけていないほうは変化なしであった。

実験の結果をまとめさせる

実験したヘチマを観察して，気付いたことをノートに書きなさい。

・花粉をつけたほうの，もとが大きくなっている。
・花びらは枯れて落ちている。
・がくはまだ残っている。
・花粉をつけなかった雌花のもとは，茶色になって枯れている。

ここで，実の中に本当に種ができているかどうかを確認した。

茶色になって乾燥したヘチマをトンとたたくと，ふたがとれて，種がザーッと出てきた。子供からは，

「ええっ？　種ってそんなにあるの。」

「種ってそこから落ちてくるんだ！」

と驚きの声があがった。

一方，しぼんだほうも種ができているかどうかを確認した。はさみ

で切って中身を確認した。種はできていなかった。

実験の結果を書きなさい。

・花粉をつけた雌花は，もとの部分が大きくなってヘチマになった。種も出てきた。
・花粉をつけなかった雌花のもとは，茶色になってしぼんで枯れた。中を切ってみると，種もできていなかった。

結果に続いて，結論を書かせた。結論を書かせる前にいくつか確認した。

「結論を書きます。実験の目的は何でしたか。」
「結論は目的の答えです。結論を書きなさい。」

結論は，「花粉がつくと，実ができて，種もできる。花粉がつかないと実もできないし，種もできない。」というようにまとめられた。

第5時

おしべとめしべのある花があることを知る

ヘチマの花のつくりを思い出させる

ヘチマの花のつくりをもう一度確認します。

絵を示しながら，「花びら」「めしべ」「おしべ」など，花のつくりを尋ねていった。

「がく」の役割を確認した。花は最初，緑色のつぼみの状態である。花を包んでいるそのつぼみの緑色の部分が「がく」である。「がく」は，花がつぼみのとき，雨や風，寒さから守るためのものなのである。花が咲いても，残っている。

花粉は何によって運ばれるのか

花粉は何によって運ばれているのですか。

「風」はすぐに出た。スギやヒノキ，イネなどは風で花粉が運ばれる。花粉症の原因になる植物である。

次に，「虫」が出た。ハチなどの昆虫が，花のみつを集めている時に花から花へと飛び，花粉を運んでくれることを説明した。ヘチマやタンポポ，ヒマワリなど，きれいな花を咲かせている植物は，虫が花粉を運ぶことを説明した。

また，水や鳥によっても花粉が運ばれることを教えた。

どんな花にも雄花と雌花はあるのか

「ヘチマやカボチャ，ゴーヤなどは，雄花と雌花に分かれています。

ですが，花の中には，1つの花に雄花と雌花の役割をもつものがあります。つまり，1つの花にめしべもおしべも入っているのです。

1つの花におしべもめしべもあったら，花粉がつかなくて実ができないということは，まず起きないですよね。」

子供から，「へえ，そんなすごい花があるんだ」という声がした。

「どんな花かというと，アサガオです。」

「えっ，そうなの？」という声。身近に咲いている『朝顔』は，実はすごい花だった。1つの花におしべもめしべもあるのである。

教科書のアサガオの絵をスケッチさせた。

「まん中がめしべ，外側にたくさんあるのがおしべです。」

このようにして，観察するときのものさしを教えていく。

朝顔は，花が開いたときに自然と花粉がつくように，花のつくりに工夫があるのだ。子供たちは，「アサガオの花の中身を見てみたい！」という気持ちになっている。

実物は，午前中なら花がきれいに咲いている。しぼんでしまっていても，花を開くと中を見ることができる。アサガオの花を班に1つずつ採っておいて，見せるとよい。

ほかの花にも興味をもった子供

観察中に子供から質問が出た。

「先生，ユリの花やチューリップの花のつくりはどうなっているのですか？」

答えは言わなかった。

「先生もわかりません。図鑑になら載っているかもしれません。ヘチマタイプなんでしょうかね？　それともチューリップタイプなんでしょうかね？」

子供の質問に対してすぐに答えを言わないこともある。実際に調べてみて，疑問を解決する喜びの余地を残しておくためである。

第6時

ほかの花の花粉をつけたら実や種はできるか

子供から出た疑問をみんなで考えさせる

ある子が，疑問を出したので，解決のための方法を考えさせた。

ある人の疑問です。
「ほかの花の花粉をつけたら実と種はできるのか？」
できると思う人は○，できないと思う人は×とノートに書きなさい。

○が11人，×が20人であった。

できないと考えた人は，次の理由をあげた。

「人間とほかの動物が結婚しても子供ができないように，別の植物どうしが受粉しても実はできないと思う。」

「もしほかの植物の花粉がついても何かの実ができるのであれば，スギなどの花粉は風でたくさん飛んでいるはずなので，何でも受粉ができてしまう。」
できると思う人は，
「品種改良のときに，全く同じでなくても，受粉ができていた。」
と主張した。
ここで，ラバの例を出した。同じような種類の生き物だと，異種交配ができることがある。
イネの品種改良は，いろいろな種類の稲を受粉させることで，新しい稲を作り出そうとしているのだ。
ここで，質問を変えた。

アサガオの花粉をヘチマにつけると，種と実はできますか。

これはできないと考える子が多かった。「できる」と考えた子は，2名である。実験で確かめることになった。

解決のための実験方法を考えさせる

どうやったら確かめられますか。ノートに実験方法を書きなさい。

ポイントは，「袋をいつかぶせるのか」である。つぼみのときにかぶせておき，花粉をつけたあと，すぐにまた袋をかぶせなくてはならない。そこまで書けていた子を正解とした。
実験は，疑問を出した子に行わせた。
結果は，「できない」であった。

第7時

受粉から結実までのしくみをまとめる

命のサイクルを図に示す

授業の最初に，ヘチマの一生を図にした。

「種子を植えました。次にどうなりましたか。」

「芽が出ました。」

このように，順に成長の様子を尋ねていった。

「種子→芽→花→実→種子」のように一生をまとめた。

「受粉はどこに入りますか。」

「花」と「実」の間である。もし，受粉ができないと，命のサイクルが切れてしまうことになる。

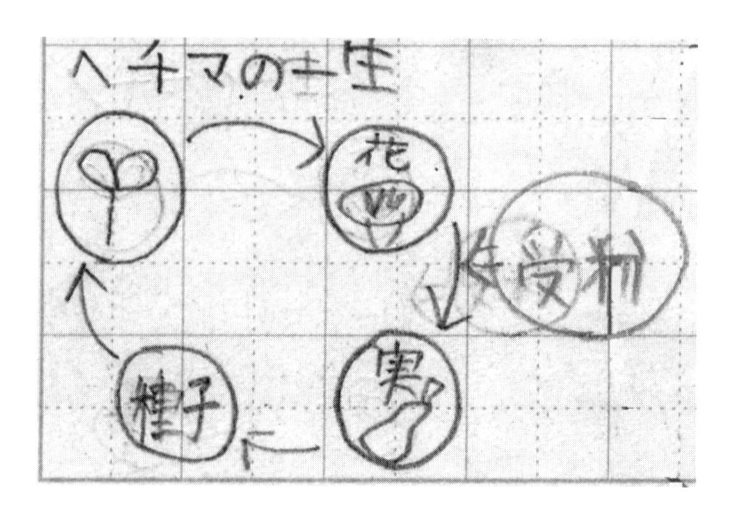

ハチがいなくなったときに，花も全滅したのはなぜかを考えさせる

もし，命のサイクルのどこかが切れるとどうなりますか。

種ができないため，子孫を残せなくなる。
ここで，1つの例を出した。

自然を破壊した結果，さまざまな動物がいなくなりました。花粉を運んでくれるハチもいなくなりました。すると，そこに咲いていた花も全滅しました。これはなぜですか。

花粉を運んでくれる虫がいなくなると，やはり命のサイクルは切れる可能性がある。また，発芽のときに，「水，空気，温度」のうちどれか1つでも欠けていると，やはり命のサイクルは切れることになる。

植物の一生は，さまざまな環境に影響されることに気付かせるようにしたい。

最後に，ノートに学習した内容をまとめさせた。

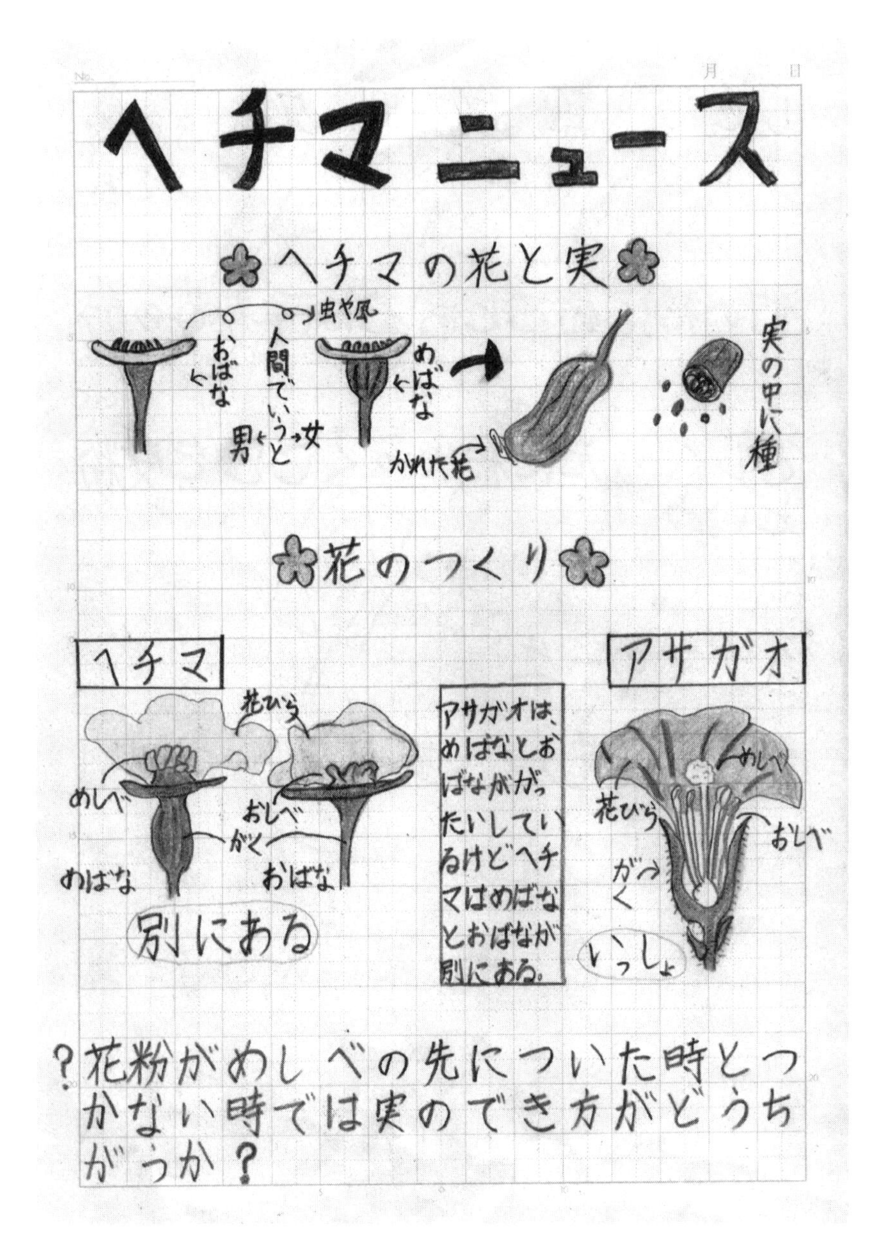
No.
月 日
ヘチマニュース
ヘチマの花と実
虫や風
人間でいうと
おばな
男
女
めばな
かれた花
実の中に種
花のつくり
ヘチマ
花びら
めしべ
おしべ
がく
めばな
おばな
別にある
アサガオは、めばなとおばながいっしょになっているけどヘチマはめばなとおばなが別にある。
アサガオ
めしべ
花びら
おしべ
がく
いっしょ
？花粉がめしべの先についた時とつかない時では実のでき方がどうちがうか？

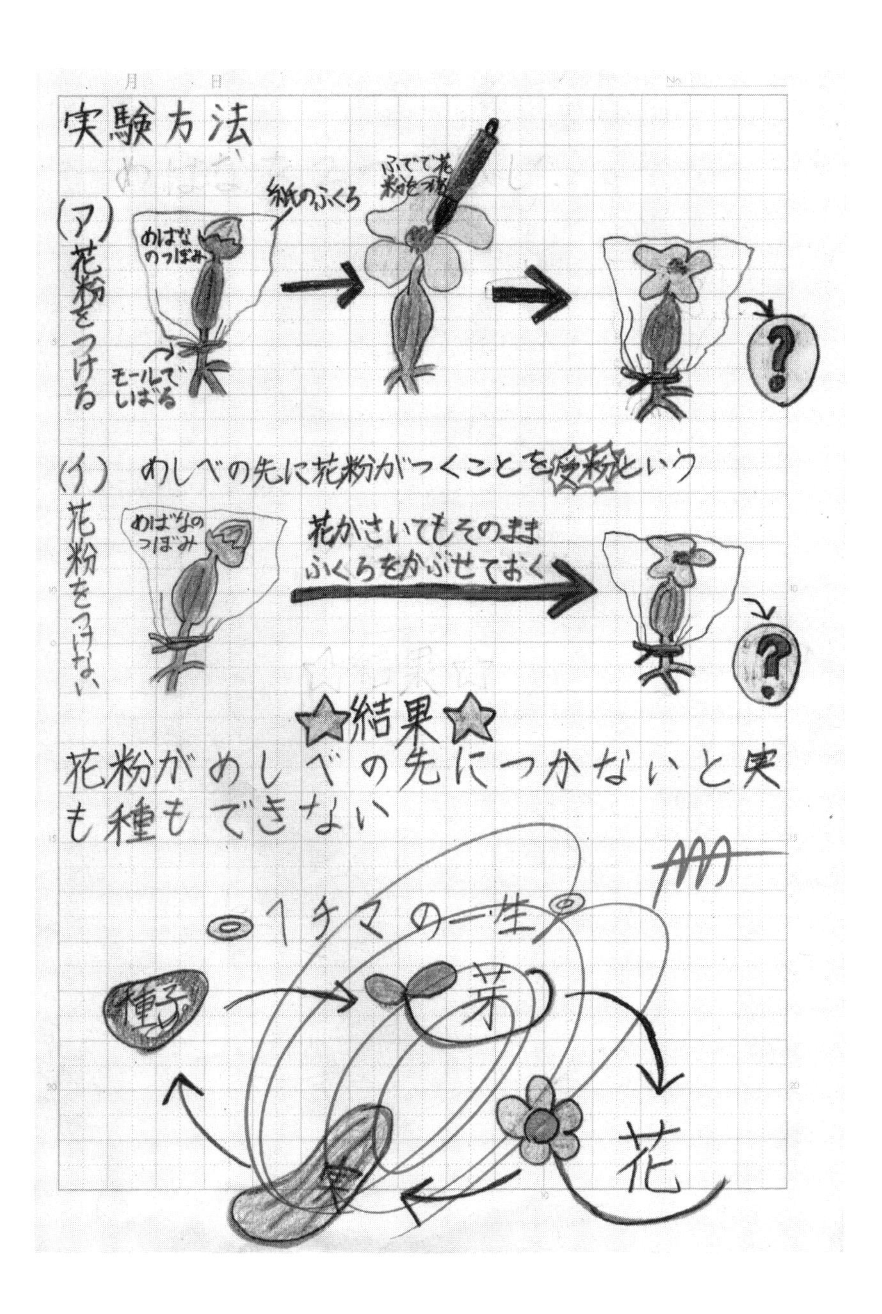
実験方法
(ア)花粉をつける
紙のふくろ
めばなのつぼみ
モールでしばる
ふでで花粉をつける
(イ)めしべの先に花粉がつくことを受粉という
花粉をつけない
めばなのつぼみ
花がさいてもそのままふくろをかぶせておく
結果
花粉がめしべの先につかないと実も種もできない
ヘチマの一生
種子
芽
花
実

V 台風と天気の変化

全部見せます 小5理科授業

V　台風と天気の変化

本単元では，1学期に学習した知識や技能を活用しながら，資料を読み取ったり，天気の変化を予想したりする。実際に台風を観察することは難しい。映像資料や写真資料を使っての授業になる。

台風は，実際にどのぐらいの風や雨をもたらすのか。数値を教えるだけではわかりにくい。実感として理解させるためには，工夫が必要である。

また，知識の幅を広げる工夫も大切である。

例えば，地球規模の衛星画像を見せると，世界中のいろいろな場所で渦を巻いている雲が見つかる。世界各地で台風が生まれていて，地域によって台風の呼び名が違っていることを教えると，知識の幅が広がる。

学習中の子供たちのつぶやきも大切にしたい。例えば，次のような疑問を口にすることがある。

「台風は，なぜできるんだろう？」

「台風は，どのようにしてできるのだろう？」

「台風が冬にあまり来ないのはなぜなのだろう？」

学習を進めていくうちに，こういったつぶやきが聞こえたら，チャンスである。解答を予想させて，実際に調べさせてもよいし，教師が教えてもよい。いずれにせよ，学習した知識に幅ができることになる。

疑問を見つけた子をしっかりとほめることだ。

できれば，疑問を自分で解決するための方法も教えたい。

習得させたい知識

1　台風の進路に合わせて天気が変化すること。
2　台風がもたらす降雨は短時間に多量になり，風も強くなること。
3　台風により自然災害が起きること。
4　台風は，日本付近では南から北に動き，夏から秋にかけて日本を通過することが多いこと。

習得させたい技能

1　衛星写真や動画から，台風の進路の規則性を考えることができる。
2　台風の進路と天気の変化を関係付けてまとめることができる。
3　インターネットを活用して天気の情報を調べることができる。

単元実施計画

時　間	学習内容と指導方法の重点
第１時	【習得】台風の構造と天気を知る
第２時	【習得】台風による災害とその原因を知る
第３時	【習得】台風の進路と天気の変化を知る
第４時	【探究】季節による天気の特徴を調べる

第１時

台風の構造と天気を知る

台風の雲を観察させる

宇宙から撮った台風の写真を提示する。

台風を宇宙から撮った映像です。この写真を見て，気付いたことを箇条書きにしなさい。

・厚い雲が積み重なっている。
・範囲が広くて，海や陸を覆っている。
・日本を覆うぐらいの雲の広さだ。
・中の雲が山のように高く，外の方ほど雲が低い（薄い）。
・まん中がへこんでいて，雲がない。
・渦になっている。
・まわりの雲を集めているみたいだ。

風はなぜ起きるのか

台風の周りでは，強い風が吹いています。

「風はそもそもどうして起きるのですか？」

こう尋ねた。これは，考えたことがなかった子が多かったようである。

１つの答えを示した。「温度差により，空気が動く」のである。ここで，簡単に実験をしてみせた。

10月になり，ずいぶんと外の気温が低くなっている。教室の中は暖かい。

①閉めきった教室のまん中で，線香をたいた。
線香の煙はまっすぐ上に上っていく。
教室には風は吹いていない。
②ベランダで外に風が吹いているかどうかを確認した。
外は雨で，風は吹いていなかった。
③再び，窓を閉めきった教室に戻り，線香の煙が上に上っていくのを確認した。
④窓を開けて，線香の煙を近づけた。
すると，煙はすごい勢いで，窓の外に出て行った。
明らかに，教室の空気が外に出ていくのがわかった。
煙は一定のスピードで，教室から外へ出ていく。

つまり，教室の中と外の温度差により，空気の動きが起きたのである。

風が起きるという1つの例を示した。線香の煙がすっと外に動くのを見て，驚いている子が多かった。

ここで，ストーブなどを例に出して，暖かい空気は上に上がり，冷たい空気は下にいくということを教えた。

台風は，風が勢いよく渦を巻いて下に落ちてくることを，図を描いて説明した。反時計回りに，空気が下に流れ込むのである。

台風がもたらす天気とは

台風の雲の下はどんな天気になっていますか。ノートに書きなさい。

強風，大雨，雷などの意見が出た。しかし，「雷」には反論もあった。台風のときに雷を聞いていないというのである。

雷が鳴るのかどうか，実際に確かめるのは難しい。と思っていたら，天気予報で，台風が近付いてきていた。子供たちは，雷が鳴るかどうか，家の中に避難して音で確認できると言っていた。

台風のまん中はどうして風が吹かないのか

台風には，そこだけ天気がよくて，風も吹かない場所があります。どこですか？

「台風の中心」が答えである。

台風の中心は，雲がなく風も弱い。中心部分は，遠心力の作用で，雲をつくることができないのである。遠心力を，体感させることにした。

丸い形の水槽に水を入れて，手でかき混ぜて渦をつくる。外側と中心では，水のスピードも抵抗も違う。まん中はほとんど力を感じない。お風呂の湯の栓を抜くと，渦ができる。その中心がへこむのに似ている。

台風の風の向きを教える

台風を絵に描きます。

台風の中心に向かって，風が吹き込む絵を描いた。

「台風の北では，風はどちらからどちらに吹いていますか。」

「台風の南では，風はどちらからどちらに吹いていますか。」

場所によって，風の向きが逆になっていることに気付いていた。

第2時

台風による災害とその原因を知る

台風による災害を探させる

先日台風が来た。東日本を中心に，台風が縦断していったのである。

雷は鳴らなかったらしい。夜中に起きて確かめた子がいた。台風の中心付近は積乱雲なので，雷が鳴ることもあることを教えた。

その台風の被害の様子をニュースがまとめていたので，提示した。

今から，台風の被害の様子が映ります。どんな被害がありますか。被害をノートに箇条書きにしていきなさい。

・橋が崩落した。
・15m もある屋根が吹き飛んだ。
・大木が倒れた。
・線路の隣の崖が崩れた。
・道路に水が流れて洪水のようになっていた。
・トラックが横転していた。
・看板が飛んだり，家の屋根が飛んだりしていた。
・運動場が水びたしになっていた。

台風の災害の原因を考えさせる

台風の被害は，主に台風の何が原因で起こるのですか。

「台風の○○」という形でノートに書かせた。

これは，多くの子が正解した。「台風の風」「台風の雨」である。台風のもたらす，強い風と強い雨が原因で災害が起きるのである。

台風の風と雨はどれぐらい強いのか

ここで，風速が問題になった。今回の台風は，最大風速 47m だったらしい。ニュースで紹介されていたのだ。

「この風速はどれぐらいの強さなのか？」

子供の疑問として出たのである。

また，県内は「1 時間に 47mm の雨量」だったのだが，それがどれぐらい激しいのかがわからないという質問も出た。

そこで，気象庁のホームページに載っている，雨と風の強さのイメージを紹介した。

風は，次のように載っている。

・風速 10 ～ 15m/s
　風に向かって歩きにくくなる。傘がさせない。

・風速 15 ～ 20m/s
　転倒する人も出る。

・風速 20 ～ 25m/s
　しっかりと身体を確保しないと転倒する。

・風速 30m/s 以上
　樹木が根こそぎ倒れ始める。立っていられない。
　時速にすると 110km以上になる。

扇風機の風はどれぐらいの強さですか。

弱はどれぐらいか？　子供のイメージでは，弱が 5m/s ぐらい。中が 10m/s，強が 15m/s ぐらいと予想した。

それは実際はどれぐらいなのか？　扇風機メーカーのホームページで調べられる。

扇風機の「弱」は，風速 3.0m。

「えっ？　意外と少ない！」

「中」は，風速 3.5m。

「ええっ？　そんなものなの？」
「強」は，風速 4.0m である。
扇風機を使って，風を体感させた。たった 0.5m 変わるだけで，ずいぶん風の強さが変わるように感じるのである。
風速 4m は，50m 走で 12 秒ぐらいの速さだと説明。走るのと比べると意外と遅いのだが，風としては強く感じる。
「たった 0.5 m変わるだけでこんなにも風の強さが変わるのに，風速 47m なんて，どんなに強い風なのか想像もつかない……。」
と子供たちは驚いていた。つまり，最大風速 47m というのがどんなに危険なのかが実感としてわかったのである。屋根が吹き飛ぶぐらいである。「あぶないなあ」という子供の感想。
雨の強さのイメージも気象庁のホームページに載っている。「1 時間に 47mm」というのは，バケツをひっくり返したように降る雨なのである。道路が川のようになる，と載っている。

スーパー台風とは何か

最後に，スーパー台風を紹介した。

> 台風には，とてつもなく強い風と雨を降らすものがあります。
> 風速 67m 以上の極めて強い台風をスーパー台風と呼びます。

「とんでもない強さの台風が，何度か日本に来ています。その1つを紹介します。伊勢湾台風です。」

ここで，伊勢湾台風による被害の状況を見せた。あまりの被害の大きさに子供たちは声をあげて驚いていた。水没した範囲がとても広いのである。道路は激流の川となってしまっていた。

第3時

台風の進路と天気の変化を知る

映像資料で台風の進路を予想する

「日本地図をノートに書きなさい。」

いつもの日本の形を書かせた。

> 台風は東西南北のどこから来ますか。

西から来ると考えていた子が何人かいた。多くの子が南と答えた。

映像を見せた。気象衛星から撮った台風の雲の様子である。日本の南に台風が位置している。

> 台風はこのあと，どう動きますか。

予想を電子黒板に書かせた。3通りの動き方が出された。

映像を再生すると，台風がだんだんと北に上っていく様子が映し出された。真北に向かっていることがわかる。しばらく真北に向かったあと，急に東に進路を取り始めた。そして，日本のちょうど真上を通っていったのである。

台風はどうして途中で東に曲がったのでしょうか。答えは映像に映っています。

そう言うと，集中して映像を見始めた。

日本の上空に西から東へ風が吹いている。その風に台風が当たると，急に右に曲がるようになるのである。

季節による台風の進路の違いを知る

気象庁に，台風の進路の図がある。

台風の月別の進路を紹介した。季節によってこんなにも進路が変わることに驚いていた。

子供から２つの質問が出た。

「どうしてこんなにも，進路が違うのかな？」

「1月や２月の進路がないけど，冬には台風は来ないのかな？」

季節によって偏西風の位置が違ううえに，台風の発生する場所も異なる。だから，季節によって台風の進路が変わってくる。

また,気象庁のデータによれば,1971～2000年の30年平均で見ると,1～３月には，あまり台風が発生していないことがわかる。

台風の移動による天気の変化を知る

台風が来ると，どのような天気になるのかをもう一度おさらいした。

台風が来ると，天気はどうなるのかを映像で見ます。

「台風の移動による天気の変化」を映像で確認した。

近付いてくると，天気が悪くなり，風や雨が強くなる。上陸すると，暴風雨になる。

台風が過ぎ去ったあと，天気はどうなりますか。

台風が離れていくと，風も弱くなり，晴れ間が広がることが多い。台風が過ぎ去ったら晴れになる，ということを意外だと感じている子が多かった。先日台風が来た直後に，とてもよく晴れていたことを思い出させると，納得していた。

台風はどこで生まれるのか

台風は，どこで，どのようにしてできるのでしょうか。

南の海上で，水が蒸発し雲ができ，そして雲が集まって台風ができてくる様子の映像を見せた。

雲が集まって，どんどん大きな雲のかたまりになっている映像を見せた時，「こんなにも大きな雲のかたまりになるのか」と子供たちが驚いていた。

台風探しを行う

今から，衛星から見た雲の画像が映ります。地球の半分が映ります。どこに台風ができているかを探しなさい。

これは，盛り上がった。

台風ができては消えていくのである。秋の１か月間の地球の衛星画像を見せると，台風ができては消えていく様子がよくわかる。

南半球にも，台風ができていますか。

子供たちは，はっとしていた。日本付近の雲の動きに焦点を絞って見ていたのである。

南半球に注目すると，わずかだが，台風らしきものが発見できた。しかし数は多くない。南半球では，北半球と台風シーズンがずれているためである。

最後に，台風は世界中で生まれることを教え，地域によって呼び方が異なることを紹介した。

第4時

季節による天気の特徴を調べる

季節ごとの天気の様子を思い出させる

春の雲は，どちらからどちらへ動いていましたか。

これは覚えている人が多かった。

「西から東へ動く。」

と答えがすぐに出た。

「春は，西から天気がだんだんと変わっていきました。」

「雨の日もあれば晴れの日もありました。」

天気はどちらの方角の空を見れば予想できましたか。

「西の空の様子を見れば予想できる」が正解である。

6 月はどんな天気が多かったですか。

「6 月は梅雨でした。連日，雨が降っていました。」

真夏は，どんな天気が多かったですか。

「真夏は，晴れの日が多かったですね。」

では，秋の天気はどうなっているのでしょうか。雲の動きを調べてみます。

自分の力で調べさせる

ここから，インターネットで調べさせた。2 人に 1 台パソコンがある。

「気象衛星の雲写真」を探しなさい。

キーワード検索をしている子が多かった。

調べるのが速いペアの映像を，スクリーンに映した。得意でない子は，同じサイトにアクセスすればよいのである。これなら，どうしても探せないペアでも，探すことができる。サイトの名前をキーワード検索すればいいだけだからだ。

動画で，雲が西から東へ移動している様子がよくわかった。これは，春の雲の動きと同じである。秋の天気は春と同じように，西から変わることが多いことを確認した。

週間天気予報も確認させた。どんな天気が多いのか？　雨の日もあれば，晴れの日もある。天気の様子も，春と似ていることがわかった。

台風情報を探させる

最後に台風情報を探させた。秋の天気の変化の特徴は，なんといっても台風である。

これも，比較的すぐに見つかった。キーワード検索で，「台風」，「台風情報」などで調べると見つかる。

過去の天気を見ると，台風の様子を引き出すことができた。また，世界各地の雲の動きも調べることができた。

VI 流れる水のはたらき

全部見せます 小5理科授業

Ⅵ　流れる水のはたらき

本単元では，体験の中の「試行錯誤」を大切にしたい。

例えば，実際に川をつくってみる。子供は思い思いの川をつくる。S字カーブを描く子。まっすぐな川をつくって途中でダムを造る子。直角に曲がる川をつくる子もいる。つくった川に水を流すと，さまざまなことがわかる。不規則な体験だが，子供たちは実に多くのことを学ぶ。S字カーブの川をつくるのは難しい。試行錯誤が必要になる。試行錯誤の中で，「流れる水のはたらき」で学習する知識の大部分を知ることができる。

実感を伴った理解をさせたいなら，大切なのは，たっぷりとした「体験」であり，「実物」を用意することである。

また，雨のあとで自然にできた運動場の川を観察するのもよい。泥がたまっているところや，砂がたまっているところを触ってみる。泥と砂で手触りが違うことがわかる。

川原の石も用意する。触ってみれば，角がきれいにとれて丸みを帯びているのがわかる。

体験したあとに，わかったことや気付いたことを話し合う。疑問が出れば，実験によって解決していくようにすればよいのだ。

本単元で学習させたいことは，「さまざまに実験を行う中で疑問を見つけ，それを自分で考えた実験方法で解決していく，という一連の学習の方法」である。この学習方法は，3学期に行う「電流が生み出す力」の学習において活用することができる。

習得させたい知識

1　流れる水には，土地を浸食するはたらきがあること。
2　流れる水には，石や土などを運ぶはたらきがあること。
3　流れる水には，石や土などを積もらせるはたらきがあること。
4　川の上流と下流によって，川原の石の大きさや形に違いがあること。
5　雨の降り方によって，流れる水の速さや水の量が変わること。
6　増水により，土地の様子が大きく変化する場合があること。

習得させたい技能

1　流水のはたらきと土地の変化の関係について，条件を制御して調べることができる。
2　流水のはたらきと土地の変化を関係付けることができる。
3　疑問を解決するために，予想や仮説を基にして，実験方法を考えることができる。

単元実施計画

時　間	学習内容と指導方法の重点
第1～2時	【習得】自分の川をつくろう
第3時	【習得】流れる水のはたらきを資料から読み取る
第4時	【活用】流れる水のはたらきをもう一度確認しよう
第5時	【習得】泥や砂は川のどこに集まるのか
第6時	【活用】川のカーブにおける水のはたらきを考える
第7時	【習得】水のはたらきによって土地が変化する様子を知る
第8時	【活用】河原の石がなぜ丸いのかを調べる
第9～10時	【活用】水による災害を防ぐ工夫を知り，学習したことをまとめる

第1～2時

自分の川をつくろう

川について知っている知識を確認する

「みんなが住んでいるところにはどんな川がありますか？」

旭川や吉井川など，一級河川の名前が出た。

「川の幅はどれぐらいですか。」

だいたい，100 mはあるということになった。

「川の上流に上っていくと，川の幅は変わりますか？」

多くの子が，「細くなる」と答えた。

川をどんどん遡ると，いちばん最初はどうなっているのですか？

「湧き水が出ている？」

「雲があって雨が降っている？」

川のいちばん最初はどうなっているのか，わからない様子だった。

川は危険なので泳いではいけないというきまりがあります。何が危険なのですか。

「川の流れが速いから危険」，「急に大雨が降ったときに洪水になるから危険」という意見が出た。

ここでいくつか尋ねた。

「川の流れの速さは，どこでも同じですか。」

「川の深さは，場所によって違いますか。」

「川の広さは，ずっと変わりませんか。」

黒板に，S字カーブを描いて予想させた。この時点では，意見はバラバラであった。水の量や，上流と下流の傾斜の具合でも変わってくる。

川をつくって観察させるためのほんのちょっとした工夫

今から人工的に雨を降らして，川をつくります。
いろいろな形の川をつくって観察しなさい。

「人工的に雨を降らせる？　なんだか，おもしろそう……。」

雨を降らせるといっても，ホースのシャワーで水を流すだけである。シンプルだが，本物の雨のようになる。自然な川ができるのだ。

「土を積んで山をつくりなさい。その頂上から雨を降らします。」

ポイントは，「土を柔らかくして，高く盛っておくこと」である。シャワーで雨を降らせると同時に，上流部分がどんどん削られていく。V字谷ができるのである。

クラスを半分に分けて山をつくらせた。運動場の盛り土をしてある場所をスコップ（シャベル）で掘って柔らかくしたうえで，山のように盛ったのである。山の頂上から，それぞれ思い思いの川をつくらせた。4人班で1つの川をつくるように指示した。

まずは，たっぷりと経験をさせることにした。体験を大切にすると，実感を伴った理解にもなる。とにかく，遊びのつもりで子供に川の形などは任せるということである。教師はじっと見ておけばよい。

子供に任せると，教師が思いもよらないダイナミックな川が完成する。ダムあり，湖あり，支流ありの川である。ダイナミックな川をつくっていると，いろいろな発見がある。上流は浸食のはたらきが激しく，下流では流された土が堆積している様子もよくわかる。「流れる水は土地を削る」と教えられても，ピンとこない。しかし，みるみるうちに，山が削られてV字谷ができる様子を見たら，実感として理解できる。

さらに，映像では絶対にわからない，体感を伴った理解ができる。

「土砂の混じった水は，普通の水よりも重いぞ！」

「堤防を造ったのに，簡単に壊されてしまった！」

このような，体験を大切にしたい。

最後に，できた川におがくずを流させた。川のどの部分の流れが速いのかを確認させた。

子供たちの気付きの共有

子供たちの気付きを紹介する。

・ダムの底にたまった土は，すごくさらさらになっている。
・川の最後は緩やかになる。
・カーブのところで速くなっている。
・ダムの中の土は，ピカピカ光っている粒が多い。
・土が崩れて，滝になった。
・流れる水の量が多いと，周りの土が崩れた。
・狭い川だったのに，水が流れるにつれて広い川になっていった。
・水の流れは最初とカーブのところが速い。
・水が流れる時に，木の根が倒れそう。
・急に水のスピードが上がると，新しい川ができることもあった。
・水の流れが速くなると，たくさんの土が削れていた。
・つくった川の端のほうが，流れが速かった。
・川は石を一緒に流していた。
・土砂崩れが起きていた。
・土で壁をつくっても水が突き抜けていった。

ダムにこだわって，巨大なダムを造る子がいた。大きな湖のようになったダムの底の土をとると，粘土質で滑らかなことにも気付いていた。

また，S字カーブをつくろうとしていた子は，川が氾濫するのに苦戦していた。堤防で護岸をしていたのだが，カーブの外側でどうしても水が氾濫するのである。どうしたら水の力が弱まるかを考えて，新しい支流をつくったり，堤防をさらに高く，厚くしたりしているのである。まさに，人間が治水をしてきた過程と同じではないか。

いろんな川をつくる中で，さまざまなことを学ばせることができた。

第3時

流れる水のはたらきを資料から読み取る

洪水の写真を読み取らせる

大雨のあとの川の様子の写真が，教科書に載っている。

「タイトルは何ですか。」

「何県の川ですか。」

「何市の川ですか。」

「何という川ですか。」

「何年の写真ですか。」

尋ねたのは，資料で最初に読み取ってほしいところである。

大雨が降った時の川の様子です。
写真を見て気付いたことをノートに書きなさい。

気付く力を高める評定の仕方

3つ書けた人から板書させ，発見を評定していった。

今回は，1つずつ評定の基準を言いながら確認をしていった。

「詳しく書けていたら，Aです。」

「何かと比べていたら，AAです。」

「何かと関係付けていたら，AAです。」

関係付けることをもう一度，説明した。「何かと関係付ける」というのは，平たく言えば，「どうしてそうなっているのかの理由付けをすること」である。要するに，理由が書いてあればよいのだ。

例えば，「水の色が茶色だ」という発見なら，「水の色が茶色なのは，泥や砂が水によって一緒に流されているからだ」というような理由付けができる。

自分の書いた発見で，理由付けができそうなら，理由を書き加えなさい。

子供たちは，「これは理由がわかるよ」と言いながら，書いていた。

・橋と川との距離が近くなっているのは，大雨が降って水の量が増えたから。
・川の水が濁っているのは，大雨が降って土が水に混ざったから。
・堤防が壊れているのは，大雨が降って流れが速くなったから。
・川の水があふれているのは，雨で水の量が増えたから。
・川の水が泥水なのは，大雨が降って川の流れが速くなり，地面が削られたから。
・川の幅が広がっているのは，川が進むところがなく，ため池みたいになって，横に水がもれるから。
・川がすごく大きくなっているのは，川の流れが速くて，土が削れて，川の幅が広くなっているから。

理由付けをすることで，「関係付ける」という技能を習得させていく。

子供が勘ちがいをしている場合にどうするか

子供が気付いていない部分や，勘ちがいが見られた場合，教師が発問することによって，確認させるようにする。

発表中，川の流れる向きが問題となった。

「川はどちらからどちらへ流れている？」

意見が分かれ，討論になった。いろいろな理由付けができたためである。ここでは，まだ，カーブの外側で川の流れが速くなることを理解できていない子がいた。最後に，私が答えを示した。

大雨になると，流れる水はどう変化しますか。

「力が強くなっている」，「水の流れるスピードが速くなる」，「水の量が増える」である。これをノートにまとめさせた。

動画で実際の川の様子を確認させる

ここで，動画を見せた。大雨が降ったあとの川の様子である。

2つの川の映像を見せた。家が流されたり，橋が落ちたり，道路が削られたり，土砂崩れが起きたりしている様子が，映し出された。川の流れによって堤防が壊されている様子も映し出された。

これで，雨の影響で道路に水がいっぱいたまったと考えていた子も，川が堤防を壊して氾濫したのだということが理解できていた。

流れる水のはたらきをまとめさせる

今までの実験や，大雨の川の資料などから，流れる水のはたらきを考えてノートに書きなさい。

道路を壊す，土を削る，橋を壊すなど，いろいろなはたらきが出された。

これらの流れる水のはたらきを分類しなさい。

「運ぶ」と「削る」に関する「はたらき」はたくさん出された。が,「積もらせる」はたらきは，なかなか出なかった。

ダムを造ったときに，ダムの底にさらさらの泥が集まっていた。これを子供たちは,「泥を集める」とか「泥を運ぶ」というはたらきだと考えたのだ。

水は，泥を「積もらせる」はたらきもしているのだと教えた。

積もらせる，というのは意外とイメージしにくいのだ。

また,「流れる水が小石や砂を積もらせている」と考えた子はいなかった。川づくりで, 下流に土砂がたまっていたのにも関わらず, である。流れる水は，小石や砂をどこかに積もらせるとは，子供はイメージできていないことがわかった。

第4時

流れる水のはたらきをもう一度確認しよう

水の堆積作用には２つの意味がある

「水は本当に積もらせるはたらきをしているか？」

これが前回の授業で出た子供の疑問だった。そこで，水の堆積作用を実験で調べることにした。

子供たちは，ダムの底にさらさらの土が積もったということに気付いていた。ところが，流れる水のスピードが弱まるところに，土や砂がたまるとはイメージしていなかった。

そこで，次の２つの堆積作用を教えることにした。「積もらせるはたらき」とひと口にいっても，子供にはピンときていないためである。

・流れる水によって「土砂が運ばれて積み重なっていくはたらき」

・ダムや湖などの水がたまっているところで「土砂が順序よく積み重なっていくはたらき」

子供の認識を確認することからスタートする

流れる水には，どんなはたらきがありましたか。

これは覚えている人が多かった。

・削る

・運ぶ

・積もらせる

「『積もらせる』って，流れる水は何を積もらせているのですか。」

ほかの子がすかさず，「石や砂だよ」と言っていた。

それを聞いて，「ああ，そうか」と納得していたが，どうも「積もらせる」というのが子供にはピンときていないのである。

観察前に視点を与える

流れる水は，本当に積もらせるはたらきをしているのでしょうか。

実際の川を見に行けばよいが，なかなか難しい。そこで，雨の日を待って，運動場にできた川の様子を見に行くことにした。

観察の前に，観察のための視点を与えた。

雨のあとの運動場には川ができています。川の中で，「削られているところ」と「石や砂や泥が積もっているところ」を探しなさい。

ノートに次のように書かせた。

・削られているところ

　→水が川の岸にぶつかって，崖になっているところ。

・石や砂や泥が積もっているところ

　→主に下流に，こんもりと積もっていることが多い。

天井川を例に出すと，よくわかったようである。

「石や砂や泥がどのように運ばれるかは，実際に流れる様子を見てもらいます。」

ここで，石と砂と泥の違いを説明した。いちばん大きいのが石（礫(れき)）で，砂は少し粒が小さくなり，泥はいちばん細かくなる。

石，砂，泥でいちばん遠くまで運ばれそうなものはどれですか。

子供たちによって，意見が分かれた。

石が絶対に遠くまでいくと主張している子が2名。

砂が遠くまで運ばれると主張している子が10名ほど。けっこう多い。

泥が，軽くて水に混じっているんだから，絶対にいちばん遠くまで運ばれると主張している子が，20名。

意見が食い違ったため，少ない意見の子から発表させた。

討論のような形になり，次々と発表が続いた。討論の時には，指名をしなくても，立って発表していいことにしている。意見が途切れたところで，運動場へ川を探しに行くことにした。

運動場にできた自然の川を観察させる

「運動場に川なんてできているのかな？」と不安そうな子供たち。それもそのはず。運動場を改築したばかりで，びしっと水平に整備されたからだ。

ところが，大雨のあとに運動場に行ってみると，たくさんの川が見つかった。幅 20cm，長さ 3 m以上の川が 20 本以上できていたのである。これには，子供たちは驚き，感動していた。

さっそく，4 人班に分かれて観察する子供たち。

「先生，ここが削られているよ！」

「泥が，下流にたまっている！」

「石はあまり下流には運ばれていない。」

さすがに自然にできた「川」である。はっきりと削られているところと，砂や泥がたまっているところが発見できた。

自然にできた川に水を流させる

「雨のあとにできた川に水を流します。じょうろで水を流してごらんなさい。」

自然にできた運動場の川に水を流すと，本物の川のように流れる様子がよくわかった。

石はあまり運ばれない。

砂はけっこう遠くまでいく。

小さな粒の泥は，かなり遠くまでいく様子がよくわかった。

たまった水の中で何が起きているのか

最後に，深い水の中で起こる堆積作用も学習した。

ペットボトルに「砂場の砂」，「泥っぽい土」，「運動場の土」，「石ころ」を入れて，シェイクする。泥水にするわけである。

流れる水が泥水になるのは，すでに学習済みである。その泥水が透明になったあとに，何が起こるのかを見せる。

重たい石がすぐに沈むのを見て，

「やはり，石はすぐに沈む。だからあまり遠くにはいかないのだな。」

などと感想を言っていた。

第５時

泥や砂は川のどこに集まるのか

順序よく積もらせるはたらきを見せる

昨日シェイクしていた2ℓペットボトルを見ると，きれいに，地層ができていた。

重たい石は下に落ちている。その上に砂が積もっている。最後に，粒の細かい泥がこんもりと積もっている。どのペットボトルも順序よく重たいものから積もっている。

ペットボトルを揺らすと，泥がゆらん，ゆらんと動く。この様子に，子供たちは感動していた。

茶色に濁った泥水が透明になっていた。細かい泥も時間がたつと沈むことがわかった。

川の流れが穏やかなところ，例えば，下流や池のように水がたまっているところでは，泥や砂がたくさん積もることを教えた。

土砂は川のどこにたまるか

土が積もりやすいのは，川のどこでしょうか。

カラーサンドを使用して，川のどこに土砂が積もるのかを確認させるとよい。

カラーサンドは，園芸店や図画工作の教材として手に入る。小さめの粒で遠くまで運ばれるものを選ぶとよい。

ポイントは，「雨で自然にできた運動場の川を使用する」ことである。子供が自分でつくった川は，どうしても人工的で不自然な集まり方をする。自然にできている川の形を利用するのが，わかりやすい。

カーブの内側で積もったり，下流までカラーサンドが流れていき，積もる様子がよくわかる。カラーサンドは，細かい粒のものを使用したので，下流までスイスイと流れていく。水は，じょうろを使って流した。

川のカーブの内側と，下流にカラーサンドがたまっていく様子が観察できた。

第6時

川のカーブにおける水のはたらきを考える

川のカーブに注目させる

「川に立って，釣りをしている人がいました。」

こう言って，黒板に絵を描いた。カーブの内側で釣りをしている人の絵である。

「そんな人いるの～？」

「あっ。でも，見たことあるよ！」の声があがった。

「証拠写真があるのです。」

こういって，川で釣りをしている人の写真を見せた。

川の中で立って釣りをしているということは，川の深さは深いのですか，浅いのですか。

「浅い」と答えがすぐに出た。

では，この浅い川を，歩いて向こう岸まで渡ろうと思います。
渡れますか。渡れませんか。

子供たちの意見は分かれた。

写真で見ると，カーブの外側は水の色が変わっている。深そうなのである。また，今までの川の実験から，外側がよく掘られているから無理だと主張する子もいた。

川の流れの速さを問題にした子がいた。たとえ浅くても，川の流れが速くて危険だと言うのである。

ここで，意見を整理した。

・カーブでは，川の深さはどうなっているのか？
・カーブでは，川の流れるスピードはどうなっているのか？

目的を１つに絞って，実験方法を考えさせる

川を流れる水のスピードに関しては，以前，川をつくる実験の時に少し触れていた。

川をつくっている時にも，外側が削られてせっかく造った堤防が決壊したというできごとがあった。堤防が決壊したのは，川の流れるスピードが外側では速いからなのだということに気付いている子がいたのだ。

堤防が壊れたことや，おがくずを流した時を思い出させて，川の外側の水の流れが速かったということを確認した。

今回は，主に川の深さに絞って考えさせた。

カーブの内側，まん中，外側では深さはどう違うのでしょうか。予想をノートに書きなさい。

まん中がいちばん深くなると考える子もいた。

カーブの内側とまん中と外側で，深さがどう違うのかを調べます。
確かめるための実験方法を考えなさい。

実験方法をノートに書かせた。

①S字の川を掘る。

②シャワーを流す。

③定規で測定する。

条件統一を考えさせる

実験方法は，これだけではありません。何かしなくてはならないことがあります。

なかなか考えが出なかったので，班で話し合わせた。

答えは「川の深さを，内側・まん中・外側で同じにしておく」である。深さをそろえておかないと，どれが深くなったり浅くなったりするのかが確認できないからだ。

また，実験が始まったら，川に触れてはいけないことも伝えた。途中で手を加えると，深さが変わるからである。

ポイントは，「堤防をきちんと造っておくこと」だ。川が決壊してしまうと実験にならないからである。

実験を成功させるポイント

外に出て，実験を行った。

川幅は，10㎝ぐらいにするとよく観察できた。「削る」はたらきと「積もらせる」はたらきがはっきりと観察できた。

ただし，あまり細い川だと，「外側，まん中，内側」の３つの変化は調べられないので注意が必要である。

実験は，次のように進めた。

①４人班で，川をつくらせる。
②つくれた班から，水を流してやる。
③しばらく流して，水を止める。
④観察させる。

１つの山で，４つの班が実験を行う。

川ができた班から水を流す。水を流し終わってもすぐに観察が待っているので，空白は生じない。楽しく実験と観察をすることができた。

実験後に，やんちゃな子が最後まで残ってあと片付けをしっかりとしていた。こういう後始末まできちんとさせることが大切である。

教室に帰って，結果を尋ねた。「内側になるほど浅くなり，外側になるほど，深くなる」というようにまとめられた。

内側には，土砂が積もっていたことも発見できた。外側の壁がどんどん削れて，中には決壊した班もあった。

こういった気付きも，ノートに書かせるとよい。

第７時

水のはたらきによって土地が変化する様子を知る

複雑な資料の読み取らせ方

川の場所による違いを理解させる場合。「上流」，「中流」，「下流」の別を教えなくてはならない。

といっても，上流，中流，下流は厳密に分けられるものではない。だいたいこのあたり，という程度である。が，子供には便宜上，分けて教えておく必要がある。

教科書に絵が載っている。上流から下流へ水が流れていく絵である。しかし，いきなり教科書の図を見せると，ややこしい。情報量が多すぎて読み取りにくいのである。

複雑な図は，「前もって一度ノートに書かせる」とよい。ノートに教科書と同じような絵を書かせる。そうして，教科書の絵を見せる。すると，情報量が多くても，資料を読み取れるのである。

例えば，山で雨が降っていること。小さな川が集まって大きな川になっていること。平地に出ると，家や田があること。海に川が流れ込んでいること。教科書に書かれてある細かな情報が，きちんと頭に入ってくるのである。

複数の写真を読み取らせる

上流と中流と下流の写真を見て，気付いたことを書きなさい。

・中流と下流は川の幅が広い。
・上流は川の幅が狭い。
・川の色が違う。
・上流には，ごつごつした石がたくさんある。
・上流は流れのスピードが速そう。
・上流は山と山の間に川がある。
・中流の川は曲がっている。
・下流は３つに分かれて海に流れ込んでいる。
・雨が降っていないのに，どうやって水が流れているのか。
・上流は階段みたいになっている。

気付いたことを，隣の人と教え合いなさい。

ときどき使う発表の方法である。こうすると，全員が発表することができる。授業でボーっとしている子がいなくなる。自分の気付かなかったことがあったら，相手の発表内容をメモするようにしている。

3分ほど発表の時間をとった。

ペア発表のあとで，いくつの発見があったかを確認した。いちばん多く発見していた子に，全部発表させた。たくさん発表できたね，とほめた。

今発表してくれたこと以外に，何か発見した人？

いちばん多く発見した子の発見以外に，まだ気付いたことがある子供たちが，15人いた。15人に立つように言い，「誰からでもいいので発表しなさい」と指示。これで，全ての発見が出つくすことになる。

発表している中で，何かと関連付けて意見を書いている子がいたので取り上げてほめた。

「下流で川の幅が広くなっているのは，流れる水が多いからだろう。」

「上流で川のスピードが速いのは，なぜか？　川幅が狭いことが関係していると思う。」

このように，自分なりの理由づけをしていたのである。

大切な情報を確認する

気付いたことをひととおり発表させたあと，発問によって情報を整理した。

・流れが速いのはどこですか。　→上流。
・流れがゆっくりなのはどこですか。　→下流。
・石や砂がよくたまるのはどこですか。　→中流のカーブの内側，下流。
・削るはたらきが強いのはどこですか。　→上流，中流のカーブの外側。

・石が大きいのはどこですか。　　　　　→上流。
・石の形は何が違いますか。
　→上流はごつごつしているが，中流からは丸くなっていて，下流は丸く小さくなっている。

補足として，V字谷のでき方を教えた。上流は流れが速いので，山がどんどん削られて，深くなっていくこと。急に深くなっているところをV字谷ということ。つり橋がかかっていて，下に何十メートルもあるような場所があること。こういったことを教えると，興味津々の子がいた。

川づくりの時にもV字谷ができていた。一度，V字谷ができる様子をモデル実験で見ているので，イメージしやすかったようである。

第8時

河原の石がなぜ丸いのかを調べる

前回学習した知識を活用させる

岡山県の一級河川の写真を見せた。全部で4枚。
・山奥の「上流」部分が1枚。
・山奥から出た「上流」部分が1枚。
・「中流」が1枚。蛇行している川の様子が写っているもの。
・「下流」が1枚。海に流れ込む様子が写っている。

4枚の写真を上流から順番に並べ替えなさい。

なぜ，そう並べ替えたのかの理由も書かせた。
「上流は，山奥にある。岩が大きいし，ごつごつしている。」
「2番目の写真は，石の大きさが大きいし，川の流れも速い。」
「中流は，曲がりくねっているし，曲がったところにたまった石が小さい。」

「下流は海がある。」
　このように，判断した理由を書かせた。
　子供たちは，学習した知識を使って，並べ替えることができていた。

上流にある石と河原の石を比べさせる

「山の石と河原の石を持ってきました。」
　こう言って，上流に転がっている山の石と，下流の河原の石を比べさせた。
　上流部（山の上の方）で採れるものは，ごつごつとしている。下流で採ってきたものは，きれいに丸みを帯びている。
「こんなにも丸くなるのか！」と子供たちは驚いていた。

なぜ，中流から下流の石は丸くなっているのですか。理由を予想して，ノートに書きなさい。

「川の流れで石と石がぶつかって角がとれたから」という答えが出た。
　ここで，雨の量が増えた時の，増水した川の様子の写真を見せた。
　雨が降っていない時は，ちょろちょろとした流れだったものが，大雨によって洪水状態になっている。川の流れが激しくなれば，ある程度大きな石でも流されて転がっていくだろうと，納得していた。

今から，「川の中で石がぶつかったら，本当に石が丸くなるのか？」を確かめます。

　金属の茶筒に，石と水を入れて，シェイクする。
　1000回ほど振ると，きれいな丸みを帯びた石に変化する。
　丸くするための石は軟らかい物を使用するのがよい。今回は「石灰岩」と「ホームセンターで購入したレンガ」を使用した。
　レンガは，ホームセンターに行って，「いちばん軟らかいレンガありますか？」と尋ねて出してもらったものである。レンガは，自然の岩石では，もちろんない。だが，石が丸くなるかどうかのモデル実験には最適である。すぐに丸くなるからだ。

軟らかい石のほかにも，少々硬い石も入れておくと，違いがよくわかる。石灰岩とレンガ以外にも，運動場に転がっている適当な石を探させて，茶筒の中に入れさせた。

水を入れて，シェイクする。その数，1000回。4人班で協力して作業にあたらせた。子供たちは喜々として作業に取り組んでいた。

1000回振ってから，いよいよ中を開けた。

子供たちから歓声があがった。

見事に丸くなっている。大きなごつごつしたレンガが，丸くなっている。

これには，みんなびっくりであった。

シェイクしていたら，水が白っぽく濁っていることもわかった。石と石がぶつかり合うことで，水が濁ることも確認することができた。

「丸い物から順に石を並べていきなさい」と指示。

ずらっと並んだ石たち。軟らかいものはすぐに丸くなるが，硬い石はなかなか丸くならないことが判明した。

第9～10時

水による災害を防ぐ工夫を知り，学習したことをまとめる

水による災害を防ぐ工夫を調べる

洪水を防ぐための工夫を紹介したビデオや本などの資料を用意する。そして，水による災害をどのように防いでいるのかを，資料を見せながら考えさせる。川の水の勢いを弱めるための工夫や，堤防が壊れないようにするための工夫が資料に載っている。

「どこが災害を防ぐ工夫なのか？」を考えさせ，工夫をノートに書かせる。

災害を防ぐための工夫から防災を考えさせる

曲がっている川の形を板書する。そして問う。

大雨が降っても，川の水があふれないようにするには，どんな工夫をすればよいでしょうか。

川の外側に丈夫な堤防をつくる，ダムをつくる，水かさが増すと流れる支流をつくる，川の幅を広げるなど，さまざまなアイデアが出される。資料で学んだ知識をもとに，アイデアを発表させるのである。

最後に，もう一度，運動場の盛り土のところで，試させる。

曲がった川をつくらせ，そして，水があふれないように堤防やダムをつくらせる。ホースからの水流を強くして，洪水にならなければ成功である。水がゆっくり流れないと土も一緒に運んでしまって洪水になるので，川の傾きをもう少しなだらかにしないといけないとか，堤防の大きさなどが問題となってくる。学んだ知識を活用させながら，防災を自分で考えることができるようにする。

最後に，学習した内容をノートにまとめさせる。

流れる水の働きについて

☆川の流れ

まず川の流れの速さを調べることにした。
どこが一番速いのか
①はじめらへん（雨がふってすぐの所）
②カーブ
③終わりの近く（水がたまる所のちかく）

A.②のカーブ

おどろいたこと

- ダムが作られていない所でもかってに道がつくられたへ!?
- 山のどまん中からやると、4つに分かれた
- 最後らへんはものすごくゆるやかだった
- 石が流れる所にあったら、たきみたいなのが出来た。
- 水につかった土はおもかった。
- 水は速いと力も強くなった。
- ダムの中をすくうとトロトロな土が出てきた。

☆流れる水の働き

大雨がふると…
- スピード大
- 力大
- 量大

川の流れのはたらき
①けずる（こわす）
②運ぶ
③積らせる

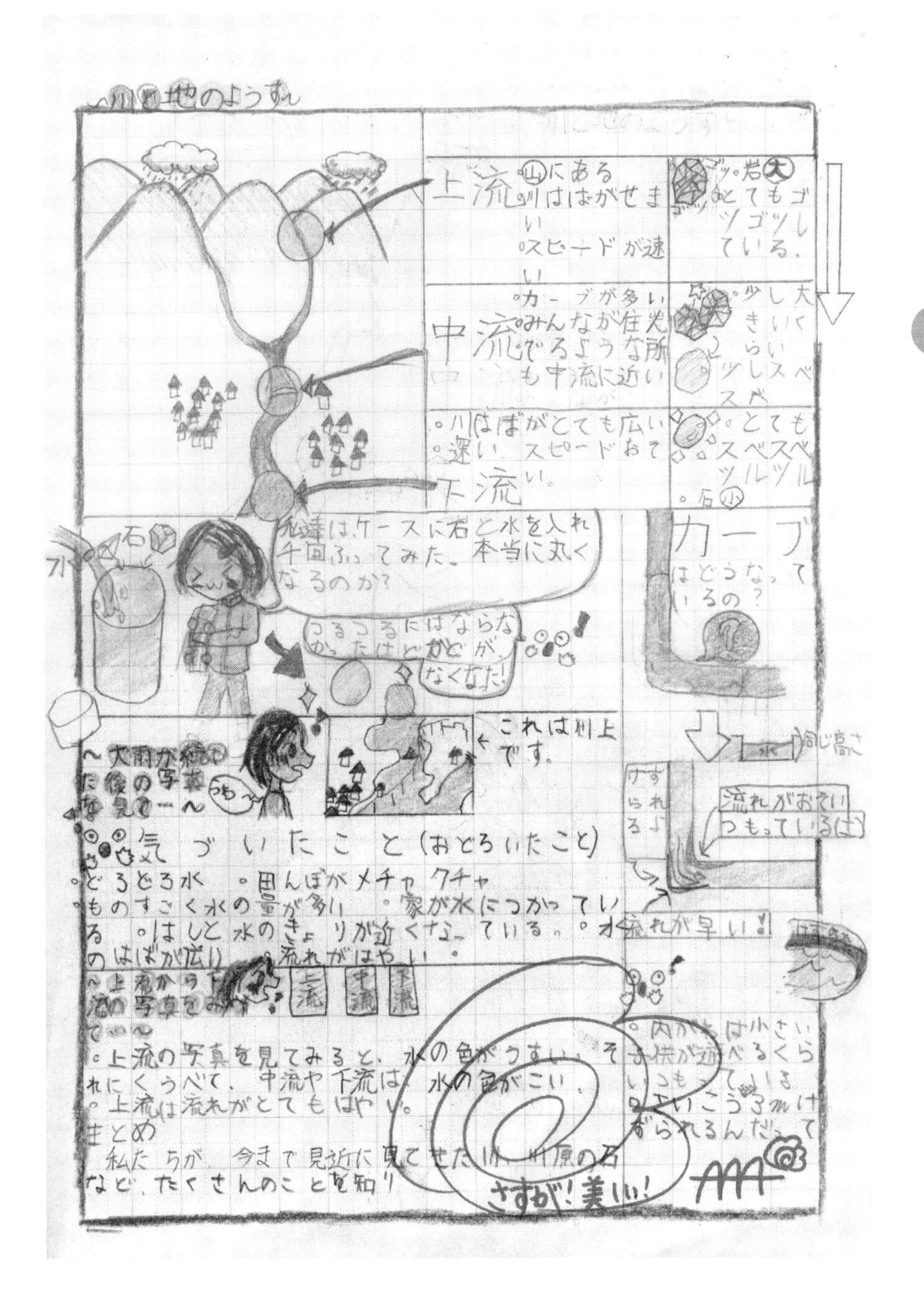
川と土地のようす
上流
○山にある
○川はばがせまい
○スピードが速い
ゴツ。岩大
とてもゴツゴツしている。
中流
○カーブが多い
○みんなが住んでるような所
も中流に近い
大く少しきらいスベ少しスベ
下流
○川はばがとても広い
○深い、スピードおそい。
○とてもスベスベツルツル
○石小
私達は、ケースに石と水を入れ千回ふってみた。本当に丸くなるのか?
水
石
つるつるにはならなかったけどかどがなくなた!
カーブはどうなっているの?
これは川上です。
~大雨が続いた後の写真を見て~
うわっ
同じ高さ
けずられるよ
流れがおそいつもっているよ
気づいたこと(おどろいたこと)
○どろどろ水 ○田んぼがメチャクチャ
○ものすごく水の量が多い ○家が水につかっている ○はしと水のきょりが近くなっている。○水流れが早い!
○川のはばが広い ○流れがはやい。
~上流から下流の写真をみて~
上流
中流
下流
○上流の写真を見てみると、水の色がうすい。それにくらべて、中流や下流は、水の色がこい。
○上流は流れがとてもはやい。
まとめ
私たちが、今まで身近に見てきた川、川原の石など、たくさんのことを知り
内がわは小さい子供が遊べるくらいつもっている
○外がわはけずられるんだって
さすが!美しい!

Ⅶ 人のたんじょう

全部見せます 小5理科授業

Ⅶ　人のたんじょう

大切にしたいのは，「比較」である。

「メダカのたんじょう」を１学期に行っている。魚と人で，生まれてくる過程や，育つ過程が異なる。

「なぜ，人間は胎内で成長してから生まれてくるのか？」

「胎内で，赤ちゃんが成長するのに，どのような工夫があるのか？」

せっかく魚の誕生を学習したのだから，その学習をもとに，比較しながら理解させたい。

また，「体感」も大切だ。

ぬいぐるみやペットボトルなどで，赤ちゃんの重さを感じてみる。受精卵の大きさは，たった0.1mmしかない。ノートに描くと，あまりに小さいことにあ然となる。誰もが，この小さな点からのスタートなのである。それが，50cmもの大きさになって生まれてくるのだ。

授業は，次のように展開した。

まず，赤ちゃんが生まれてくるまでの様子を，映像で示す。ただし，この映像では肝心なことは教えない。

「赤ちゃんは，おなかの水の中にいます。」

「赤ちゃんには，最初，えらや尾があります。」

「赤ちゃんは，小さな卵から5000倍も大きくなって生まれます。」

こういった知識を断片的に示していく。子供たちは，疑問をもつはずである。例えば，「赤ちゃんは，水の中でどうやって呼吸をしているのかな？」といった疑問である。疑問をもたせて，授業を終わる。子供たちは調べたくてしかたない状態になっている。

意欲をもたせたうえで，調べ学習を行う。調べ学習のあと，さらに簡単な発表会を行うことで，それぞれが調べた知識を共有できる。

授業中，ところどころ，生命の神秘を感じさせるエピソードを語っている。何億もあるうちの，たった1つの精子しか，卵子に入れないこと。赤ちゃんを胎内で育てるために，さまざまな工夫がなされていること。こういったエピソードを語ることで，生命を大切にしようという気持ちをもたせることができる。

習得させたい知識

1　人は母体内で成長して生まれること。
2　受精した卵が母体内で少しずつ成長して体ができていくこと。
3　母体内でへその緒を通して養分をもらって成長していること。

習得させたい技能

1　受精卵が成長して人が生まれてくるまでの過程を見て，疑問を見つけることができる。
2　見つけた疑問を，資料を活用して調べ，解決することができる。
3　調べたことを整理し，ノートにまとめることができる。
4　調べたことをわかりやすく紹介することができる。

単元実施計画

時　間	学習内容と指導方法の重点
第1時	【習得】人は何から生まれるのか
第2時	【習得】受精卵が成長していく過程を知る
第3～4時	【習得】疑問を解決するための調べ学習
第5～6時	【活用】調べた情報を2ページにまとめて発表する

第1時

人は何から生まれるのか

人は何から生まれるのか

「植物は，何から生まれましたか。」

種である。種から芽が出て，大きくなる。

「メダカは何から生まれましたか。」

卵である。

メダカの赤ちゃんは，卵から生まれました。では，ニワトリは，卵から生まれるでしょうか？　生まれると思ったら○，卵ではないと思ったら×を書きなさい。

これは簡単である。ニワトリは，卵から生まれるのはよくわかっている。簡単だな，と思わせておく。

「では，人間は卵から生まれますか。」

ここで，意見が分かれる。

ほとんどの子が，卵ではない，と考えている。子供の頭には，丸い卵のイメージが浮かんでいる。

「人間は，卵から生まれます。」

えっ!?　という反応。

実は，4年生で学習済みである。みんな最初は，「受精卵」という卵であったことを説明する。

「あ～。そういうことか。」

という声。

「ネコもイヌも，生まれてくるときは，子猫，子犬です。ですが，もともとは，人間と同じように卵でした。」

メダカと人間とで，卵の育て方が違います。何が違いますか。

「体の外に卵を産む」のがメダカである。

「体の中で卵を育てる」のが，人間である。

人間やネコ，イヌは，母親のおなかの中でしばらく育ててから，赤ちゃんの状態で生むようにしていることに気付かせる。

おなかの中で育てることのメリットは何か

外に卵を産んで育てるのと，おなかの中で卵を育てるのと，どっちが得ですか？

おなかの中のほうが得だという意見が多かった。

- ・外に卵を産むと，敵に食べられる危険がある。
- ・外だと，守るのが大変。割れる危険もある。
- ・おなかで育てると，（親が）敵から逃げることができるし，病気にかからないから安全かも。
- ・おなかで育てると，食べ物もおなかの中でもらっているから栄養満点の子が生まれるのかも。

「人間は，進化をしていく中で，おなかの中で育てるほうを選びました。」

受精卵の大きさを確認する

人間の卵とメダカの卵はどちらが大きいですか。

子供の予想はきれいに半々に分かれた。人間のほうが小さいとは考えられなかったのである。

- ・メダカの卵 →直径 1mm
- ・人間の卵 →直径 0.1mm

ノートに鉛筆で点を打つと，だいたい0.1mmの大きさになる。
「みんな最初は，こんな大きさでした。」
教科書で卵子と精子を確認させた。
「これが人間の卵です。卵子といいます。子供の卵だから，卵子です。」
このように言葉の意味を説明。これで納得する子もいる。
「周りに精子がいます。卵子と精子が一緒になって，人間の卵ができます。」

受精のしくみを教える

ここでビデオを見せた。性教育などに使っているビデオである。卵子が精子と合体して，受精卵になる様子が映し出された。
子供たちは，シーンとなってビデオに集中していた。
受精卵は転がっていき，子宮に入る。子宮の中で，受精卵がだんだんと大きくなっていく。
「子供の家という意味で，子宮と言うんだよ」と，言葉の意味を説明した。

ここまでで，疑問に思うことがあれば，ノートに書きなさい。

2時間続きの授業を行ったので，ここでいったん疑問を書かせておいた。

第2時

受精卵が成長していく過程を知る

受精卵が成長していく様子を見ていく

2時間目も引き続き，受精卵が成長していく様子を，ビデオで確認させた。
卵から，徐々に人間の姿へと変わっていく。途中の段階では，えらがあったり，尾があったり，手には水かきがあったりと，今ではなくなっている体の部分がある。
注意すべきは，心臓が動き始める時期である。なんと，たった4週目ぐらいで心臓が動き始めるのである。まだ，0.4cmの大きさしかない。

胎児の成長の仕方を教える。

約70日ぐらいで体が人間に近付いてくる。
この後，約8か月間，お母さんのおなかの中で成長していく。日にちごとの大きさを確認していった。
「手で赤ちゃんの大きさを表してごらんなさい。」
1cmしかなかったのが，5cm，25cm，50cmと大きくなっていく。
最後の50cmで，「すごく大きいなあ！」と声があがっていた。0.1mmから50cmへ。5000倍である。身長1mの人が，5000m級の山になるようなものと説明。
「そんなに大きくなるの？」
「どうやって，そんなに成長していくのだろう？」
子供たちは，驚きの声をあげていた。
「生まれる直前の赤ちゃんは約3kgです。ペットボトルに水を入れて，持ってみましょう。」
思ったより重たいことがわかる。
腰にひもでくくってみる。手で持つよりも，さらに重く感じる。
「赤ちゃんって意外と重いね」という感想が出た。

胎児がどのように成長していくのかを見ていく

胎児の成長の様子を，ビデオ教材で確認していった。
ところどころで，ビデオをストップして，発問を入れていった。答えは示さなかった。疑問をもたせて，次の時間に調査を行うためである。
赤ちゃんは，おなかの中で，「羊水」という水の中にいる。温かい水の中で，ふわふわと動いている。すやすやと眠っている。

ここで，尋ねた。

栄養がないと大きくなれません。栄養はどのようにとっているのですか。予想してノートに書きなさい。

「お母さんから食べ物が送られてくる」などの意見が出た。

赤ちゃんは，水の中にいます。呼吸はしているのですか。

「えらがあった時期があったので，呼吸は魚みたいなのかな？」
「水の中に酸素がいっぱいあるのかな？」
ビデオの最後に，出産のシーンが映った。
ここで，我が子の出産のエピソードを話した。子供たちは，シーンとなって聞いていた。
赤ちゃんが生まれてくるまでの，大変さや喜びを語ることで，「生命の誕生ってすばらしい」という感想をもたせることができる。

ほかに調べてみたいこと・授業の感想

授業を受けて，不思議に思ったことや疑問，調べてみたいことをノートに書きなさい。

・おなかの水の中にいて，呼吸はどうしているのかな？
・おなかの中にいて，食べ物はどうしているのかな？
・うんちやおしっこはどうしているのかな？
・おなかの中で寝たり起きたりしているのかな？
・話しかけると，反応するのかな？（耳は聞こえているのかな？）
・へその緒がお母さんとつながっているはずなんだけど，絡まらないのかな？

・出てくる時に，うまく出てこられるのかな？
・おなかの水は，どんな水なのかな？　ただの水だと，体に悪そう……。

第3～4時

疑問を解決するための調べ学習

子供だけで調べるようになるための指導

調べ学習は，基本的にペアで行う。

2人につき，パソコンが1台ある。1人はパソコンを使用する。もう1人は，図書資料で調べていく。途中で交代する。もちろん，協力して調べてもよい。

調べ学習をするにあたっては，「調べ方」を教えておく必要がある。かたっぱしから情報を見ていくのでは，時間がかかる。

図書資料なら，まず「タイトル」に注目させる。タイトルを見て，関係ありそうなものをペアで1冊借りていく。

次に，目次を見る。関係のありそうな目次のところから，見ていく。

さらに，本の後ろには，「索引」がある。「索引」を利用すれば，早く調べられることも教える。

インターネットでは，「キーワード検索」と，「ホームページから目的の情報を探す方法」という2通りのやり方があることを教える。

自分の疑問から，キーワードを取り出さなくてはならない。これは，国語で学んだことが生かせる。国語科の説明文教材では，キーワードを探す学習をさせている。自分が調べたい事柄を，いくつかのキーワードにして，打ち込ませていく。

調べ学習を行ううえで，「国語辞典」は必携である。図書資料でも，インターネットでも，わからない言葉が山ほど出てくる。例えば，「胎盤」。胎盤の役割とは，何なのか？　分からない言葉が出てきたら，すぐに国語辞典で調べさせる。

インターネットで見つけた資料で，写真があったり，たくさんの情報があれば，印刷させる。

メモをする場合は，「出典」を明らかにしておく。できれば，「いつ」，「誰」が書いた資料なのか，わかる範囲でメモをさせるとよい。

子供だけでどうしても情報が見つからない場合

子供の疑問の中で，子供ではどうしても，見つけられない情報があるかもしれない。

そういう場合は，養護の先生にインタビューを行うようにする。

また，お家の人にインタビューをすることもできる。保護者と生命の誕生について話し合ういい機会になる。

第5～6時

調べた情報を2ページにまとめて発表する

大切な情報に絞ってまとめさせる

図書資料とインターネットの資料から得た知識を，ノートにまとめるようにする。

ここでは，ペアで相談をしながらまとめてよい。印刷した資料や，図書資料があるので，教室でまとめることが可能である。

ノート見開き2ページにまとめるのは，1時間もあれば，さっとできるようになっている。

情報の発表会を行う

調べ学習でわかったことの発表会を行う。

ノート見開き2ページにまとめているのだから，それをもとに必要な情報に絞って発表させるとよい。

大切なのは，発表時間を決めておくことだ。３分なら，３分と決めておくと，情報を大切なものだけに絞らざるを得なくなる。情報の選択能力を鍛えるためである。

ペアで発表させることもあれば，１人ずつ発表させることもある。今回は，１人ずつの発表を行った。発表の機会が多くなればなるほど，ものおじしない子になっていく。

参考文献

「楽しい科学の授業シリーズ　科学教育研究４　いろいろな動物と進化」仮説実験授業研究会編　ほるぷ出版　1982

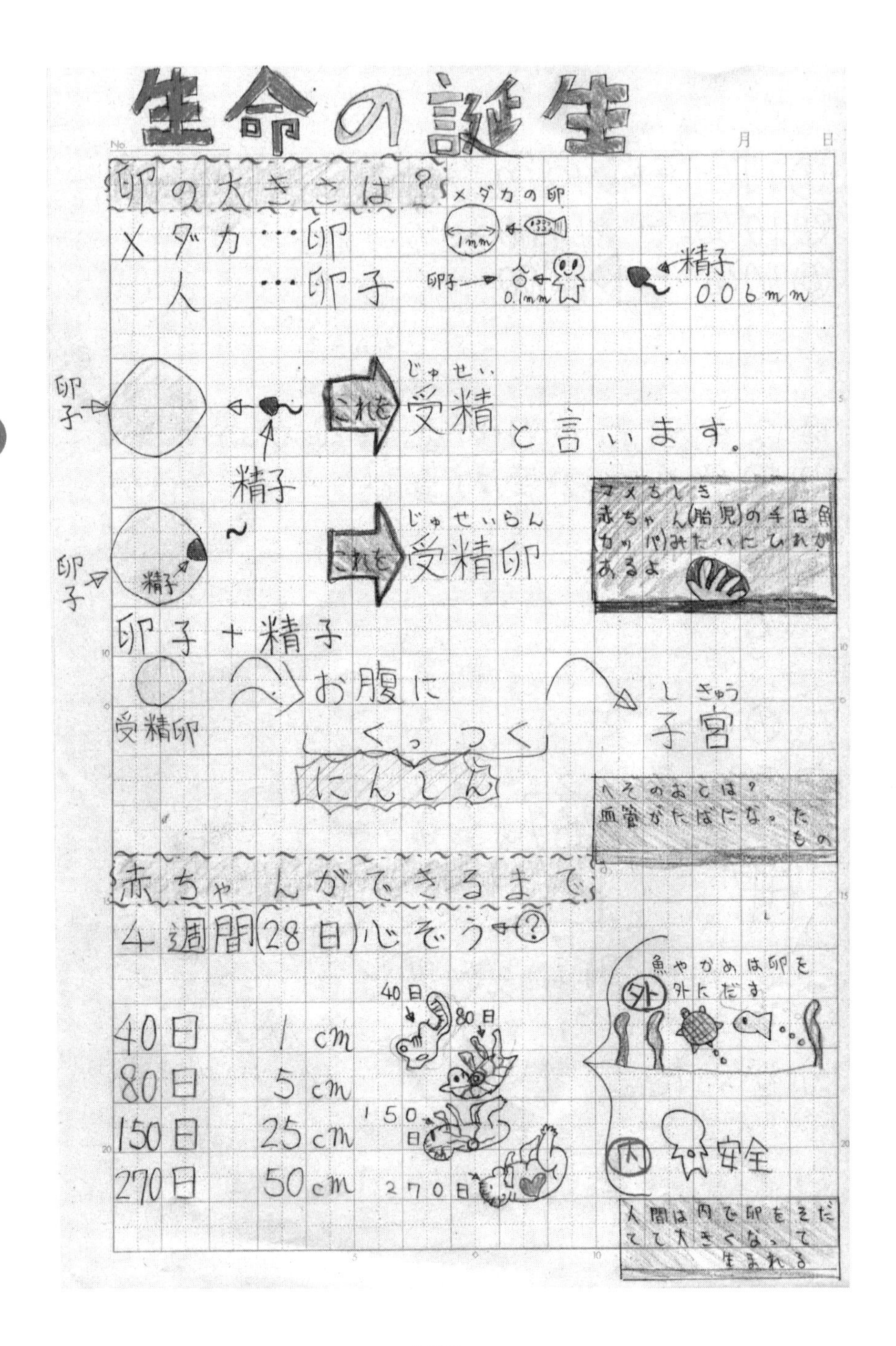

生命の誕生
卵の大きさは？
メダカの卵
1mm
メダカ…卵
人…卵子
卵子
0.1mm
精子
0.06mm
卵子
精子
これを 受精（じゅせい）と言います。
卵子
精子
これを 受精卵（じゅせいらん）
マメちしき
赤ちゃん(胎児)の手は魚
かッパみたいにひれが
あるよ
卵子＋精子
受精卵
お腹に
くっつく
子宮（しきゅう）
にんしん
へそのおとは？
血管がたばになったもの
赤ちゃんができるまで
4週間(28日)心ぞう
40日　1cm
80日　5cm
150日　25cm
270日　50cm
40日
80日
150日
270日
魚やかめは卵を
外 外にだす
内 安全
人間は内で卵をそだてて大きくなって生まれる

月　日　No.

赤ちゃん(胎児)のひみつ

- 赤ちゃんは0.1mmから50cmまで成長します。
- なぞの液体の中ではこきゅうをし栄養はとっている。
- かべみたいなのがはがれたらはがれたやつを胎児は食べる。
- 胎児は液体の中でおしっこはするがうんちはしない。
- 音がするものははんのうする。
- 胎児は液体の中でねる。
- 外に出るのは胎児がきめている
- 胎児は外にでるとき頭の形が変わる。
- たいばんとへそのおでつながっていてそこから栄養をもらったりしていらないものをそこからお母さんにおくったりします。

なぞの液体は ようすいと言う

まとめ

赤ちゃんがどうやって生まれるのかがよく分かりました。

Ⅷ ふりこの運動

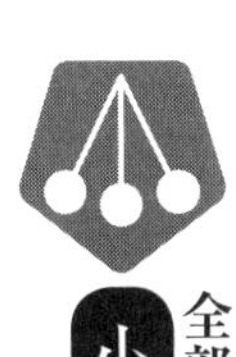

全部見せます 小5理科授業

Ⅷ　ふりこの運動

本単元では，探究型の理科授業を行う。

2017年の小学校学習指導要領に示された「教えるべき内容」は次である。

「振り子が1往復する時間は，おもりの重さなどによっては変わらないが，振り子の長さによって変わること。」

大切なのは，「おもりの重さなど」の「など」である。ほかにどんな「など」が考えられるのか。本当に，1往復する時間は「糸の長さ」だけによって変わるのか。こういった「疑い」をもつ子供に育てたい。

「重さでは変わらないことはわかった。だが，勢いによって変わるのではないのか？」

「揺らし方を変えると1往復する時間も変わるのではないか？」

単に，「糸の長さによって往復する時間が変わること」を教えるだけなら，時間はかからない。子供は，実験するとあっというまに気付く。そこでわかったつもりになる。わかったつもりになると，これ以上探究しなくなる。「ふりこの運動を決めている要因は何なのか？」というもっと深い知識まで，探究させる授業を展開したい。

本当に，そうなのか？

それは，なぜなのか？

「疑問をもつ」ことも，鍛えられていないとできない。子供の疑問を大切にして，授業を展開したい。

習得させたい知識

1　糸につるしたおもりが１往復する時間は，おもりの重さなどによっては変わらないこと。
2　糸につるしたおもりが１往復する時間は，糸の長さによって変わること。
3　糸につるしたおもりが１往復する時間は，振れ幅によって変わらないこと。
4　おもりが１往復する時間は，おもりをつるした位置から，おもりの中心までの距離によって変化すること。

習得させたい技能

1　疑問を見つけることができる。
2　見つけた疑問を解決するために，実験方法を考えることができる。
3　実験の見通しをもつために，要因を予想したり，自分なりの仮説を考えたりすることができる。
4　変える条件と変えない条件を制御して，実験を行うことができる。
5　実験結果を表にまとめたり，グラフに表現したりすることができる。

単元実施計画

時　間	学習内容と指導方法の重点
第１時	【習得】ふりこを作って遊ぶ
第２時	【習得】ふりこの実験をさらに行う
第３時	【習得】多くの子が発見した法則を検証する
第４時	【活用】「往復する時間」を変える方法を考える
第５～６時	【活用】仮説が正しいかどうかを検証する
第７時	【活用】教師実験で検証する
第８～９時	【探究】疑問を解決する

第1時

ふりこを作って遊ぶ

自分のふりこを作らせる

最初に，私がふりこを作ってみせた。
「これはふりこといいます。」
鉄製スタンドに，糸とおもりをつけただけの簡単なふりこである。

ふりこを作りなさい。１人１つです。作れたら，振ってみなさい。

たったこれだけの指示で始めた。特に，目的などは言っていない。「自分でふりこを作る体験」をまず保障するようにした。
４人班で活動させた。
４人班に，「鉄製スタンド１つ」，「糸４本」，「おもり４つ」を与えた。使用する糸は，伸びの少ないものにすることがポイントである。
最初，子供は普通にいろいろな糸の長さのふりこを揺らしていた。ぐるぐるに回している人もいた。ちょっと危険だが……。４人が同時にふりこを揺らしている班もあった。

実験道具を増やすと実験方法は劇的に変化する

しばらくして指示した。

糸やおもりを増やしていいです。いろいろなふりこを作ってごらんなさい。

すると，おもりを２個つける子が現れた。おもりの下に糸をつけ，もう１つのふりこを作った子も現れた。いすの上からすごく長いふりこを持って揺らす子も現れた。物を徐々に増やすことで，活動の幅が広がっていく。

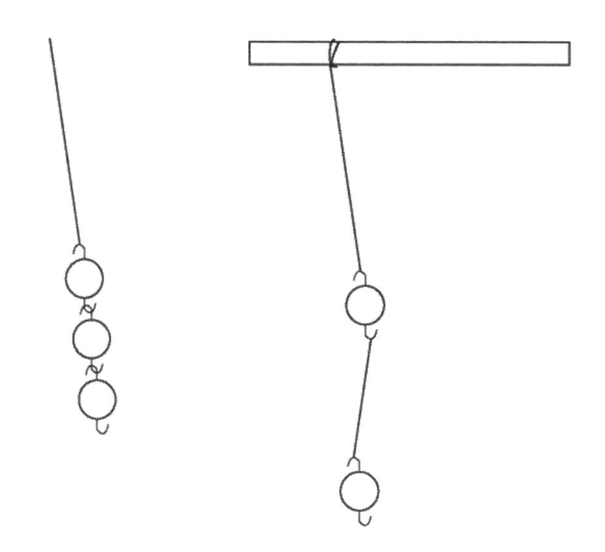

自由な実験では，思い切って子供にやり方をまかせることも必要である。不規則な体験が，あとで実感を伴った理解へとつながることがあるからだ。

気付きを共有させる

授業の終わり10分前頃に指示する。

実験をして，気付いたことをノートに書きなさい。

発表させ，情報を共有させていく。

「あの班がやっている実験がおもしろそうだな。」

「本当にそうなるか調べてみよう。」

実験にもやる気が出てくる。

第2時

ふりこの実験をさらに行う

さらなる工夫が生まれる

2時間続きの授業である。2時間目は，さらなる工夫が生まれていた。

まず，かたまり状におもりを連結させる子が現れた。また，おもりだけを連結して，揺らす子も現れた。<糸一おもり一糸一おもり>というように長いふりこを作っている子もいた。

いろんな揺らし方をして確かめている子。糸をかなり長くして揺れ方を確かめている子。おもりを大量に用意して，重たくしてから揺れ方を確かめている子がいる。

さまざまな実験を行った。

2時間分の気付きをノートに書かせる

今までの実験で，気付いたことを，できるだけたくさんノートに書きなさい。

「できるだけたくさん」という言葉がポイントである。

ノートに書く時間を5分はとる。3つ書けた子から持ってこさせ，板書させる。

絵で描いている子をしっかりとほめる。ほめられるから，絵で描く子が次々と現れてくる。

5分後に，発表させる。子供の発見が多い場合，発表の時間だけで，10分程度かかる。実験を早めに終了することが必要だ。

次の発見が出された。

・糸は短いほうが，揺れが速い。
・ふりこは一度揺らしたら，なかなか止まらない。
・糸の長さによって，揺れ方が違ってくる。
・糸が長かったら，スピードは遅いが，長時間動いている。
・おもりと糸を連結させると，へんな動きになる。
・おもりがいっぱいあっても，そんなに遅くならない。
・案外動く時間が長い。
・最後には止まる。
・糸が短いものは，始めは速いけど，あとからゆっくりちょっとだけ動くようになる。
・5分間ぐらい止まらない。
・糸を短くしたらテンポが速くなった。
・糸を長くしたらテンポが遅くなった。
・おもりを糸で連結したものは，くの字に揺れた。
・おもりの位置を変えたら，揺れるのが速くなった。
・おもりを下の方に下げていくと，ゆっくりになる。（おもりを連結しているもので，おもりを下の方に多くすると，ゆっくりになる。）
・揺れ幅を大きくすると，スピードが速くなる。
・おもりの下におもりをつけていくと，揺れ方が遅くなった。
・ふりこの下の部分は，大きい幅で揺れて，上の部分は少しだけの幅で揺れる。
・ふりこのほとんどをおもりだけで揺らすと，意外と速かった。
・揺れが遅くなったと思っても，何回も揺れている。

鋭い意見

いつも予習をしてきている子は，次のような鋭い意見を出していた。
・だんだんと揺れ方が緩くなる。しかし，テンポは，揺れが小さくなってもあまり変わっていない。
・おもりを重くしても，揺れる速度はあまり変わらない。

・たくさんのおもりをつけても，おもり１つと速さは変わらない。

予習をしてきている子は，すでに知っている目で観察することができる。だから，ほかの子よりも，的確な発見をしていた。

が，予習している子の知識で解ける問題だけでは，授業は終われない。予習しても，「どうなるのかな？」と判断に迷うような問題を提示することが大切だ。

子供の意見の食い違いを取り上げる

子供の発表後に，教師の出番である。子供たちの気付きの中で，食い違っている意見やまちがっている意見について，「これはどうなのかな？」と全体にきいていく。

子供たちは，「あれっ？　この場合はどうなるのかな……。」と首をかしげることになる。確かめたいと思わせることが大切だ。

子供たちが迷ったのが，次の発見が正しいかどうかである。

おもりの大きさが小さいほうが，速く揺れるのではないか？

これは，予習をしてきている子もわからない。おもりの「大きさ」を問題としているのである。

そのほかの「子供の考えが食い違った発見」は，次のとおり。

・おもりの重さで遅くなったり速くなったりするか？
・揺らし方を変えると，速度は変わるか？
・糸が長いと，糸が短いときよりも，揺れる時間が長いか？
・最終的に，ゆっくりと動くようになっても，テンポは同じか？
・おもりの位置を変えたら，揺れるテンポが変わるのか？
・揺れ幅を大きくすると，スピードは速くなる？
・揺れ幅を大きくすると，テンポも速くなる？
・揺れ方に勢いをつけると，テンポが変わる？

言葉を定義する

子供に意見を発表させている時に，おもりの「スピード」と，「テンポ」，「リズム」の違いが問題となった。

実は，これは大変重要な違いである。

「スピード」は，単純に「おもりの動く速さ」である。実験中，この「おもりの動く速さ」に注目している子が多かった。

ふりこのおもりを放す位置によって，おもりの動く速さが違うというのである。これは，正しい発見である。見た目でもすぐわかる。高い所から出発したおもりのスピードは速い。逆に，振れ幅を小さくして低い所から出発させたおもりのスピードは遅い。おもりのスピードは，おもりのスタート位置の「高さ」によってだけ決まるからである。

「テンポ」と「リズム」の意味は，次のように違うことを説明した。

・テンポ＝音楽や作業などの速度。つまり，拍をどれぐらいの速さで打つか，おもりが往復する時間の速さのこと。

・リズム＝拍子。音楽でいう，何拍子。時間の速さやスピードではない。

つまり，次の２つは違うのだと説明した。

・おもりが往復する時間

・おもりが動くスピード

「おもりのスピードが高さによって決まる」というのは大切な知識である。その知識をものさしにして，課題を考えることができるからだ。

簡単に実験で確かめた。

スタート位置によって，明らかにおもりのスピードが違う。子供たちも実験を重ねていたので，直感的に理解できていた。

残った「意見の食い違い」への答えは，示さなかった。答えがわからないから，確かめる意欲がわいてくる。

第3時

多くの子が発見した法則を検証する

実験前の予想

「気付きが多かったものから順に，確かめていきます。」

> **糸の長さを変えると揺れるテンポはどうなるか？**

ここで，テンポの意味を確認した。

「おもりが往復する時間の速さ」である。

> **実験前に予想してもらいます。言葉を選んで，予想を書きなさい。**
> **糸が短いと　＜速く・ゆっくり＞　揺れる。**
> **糸が長いと　＜速く・ゆっくり＞　揺れる。**

なんと，全員の予想が一致していた。突き刺さるように手があがった。

糸の長さによって，ふりこのテンポが変わることには，ほとんどの子が気付いていた。

実験方法を確認する

実験方法を説明した。

①糸の長さを決める。（例えば，10cm と 20cm）

②おもりをつける。

③揺らす。

④ 10 往復のタイムを計る。

なぜ 10 往復のタイムなのかを説明した。1 往復では，タイムのばらつきが多くなるからである。たった 1 回の往復では，ストップウォッチを押すタイミングが難しい。1 往復のタイムを出す場合は，10 回のタイムを測定してから，10で割ればよい。

条件統一を考えさせる

ここで，「条件統一」を確認した。

> **いろいろな糸の長さのふりこを比べます。糸の長さは変えますが，ほかの条件は同じにしておかなければなりません。同じにすることは何ですか。**

すべて子供から出された。2学期も後半である。さすがに，進歩している。

- 揺らす速さ（勢いをつけるのではなく，さっと放すだけ。）
- おもりの重さ
- スタートの位置（振り幅）

表現力と思考力を鍛える「結果のまとめ方」

結果は，表にまとめさせた。表にまとめたあとで，グラフも作らせた。このように表やグラフで表現することは大変重要だ。しかも，縦軸も横軸も，ひとめもりの単位も，全部自分で作成する。

右上がりのグラフが完成した。

最後に，結論を書かせた。糸の長さを変えると，テンポが変わることがわかった。

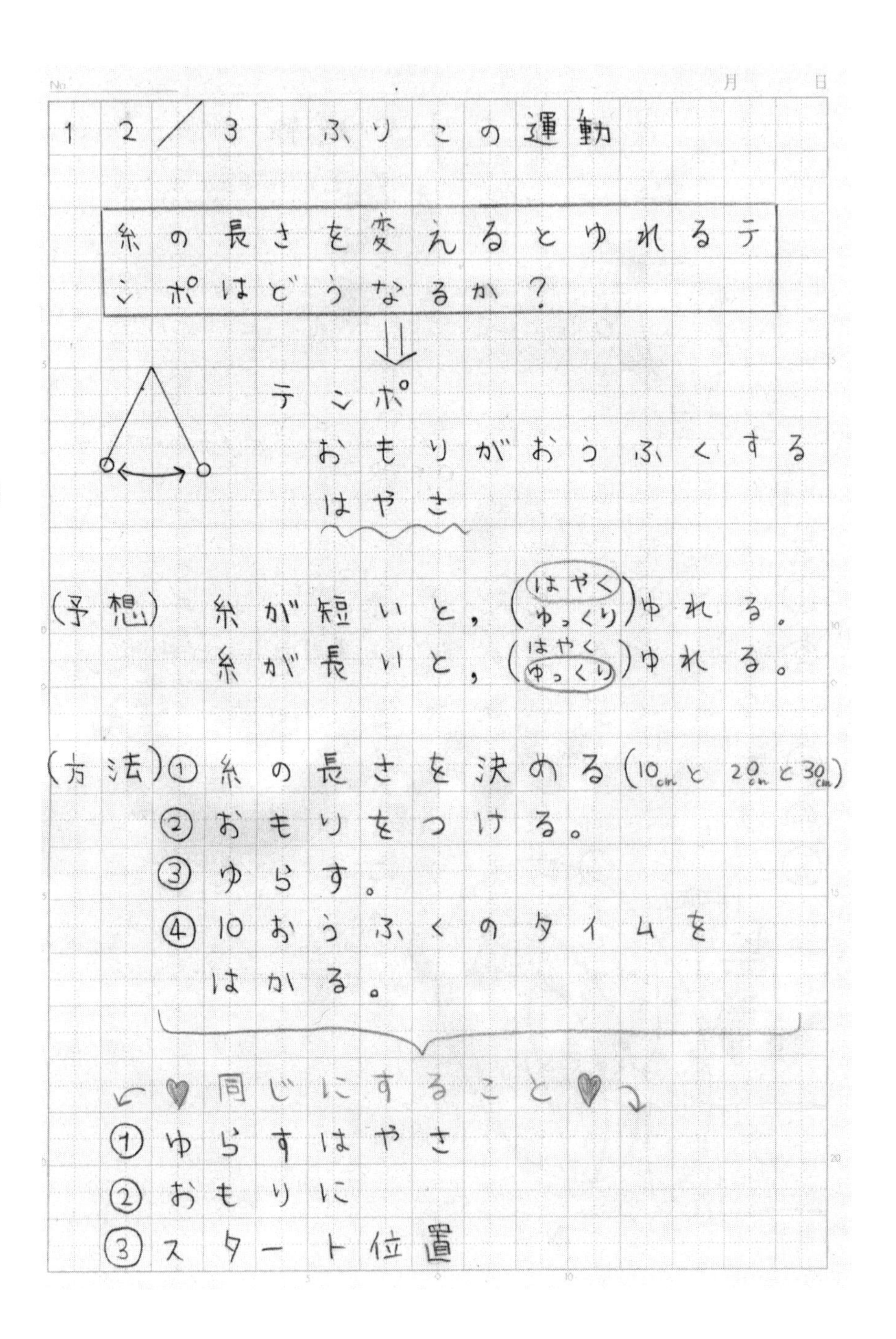

1 2／3 ふりこの運動

糸の長さを変えるとゆれるテンポはどうなるか？

⇓

テンポ
おもりがおうふくするはやさ

(予想) 糸が短いと、(はやく／ゆっくり)ゆれる。
糸が長いと、(はやく／ゆっくり)ゆれる。

(方法) ① 糸の長さを決める(10cmと20cmと30cm)
② おもりをつける。
③ ゆらす。
④ 10おうふくのタイムをはかる。

♥同じにすること♥
① ゆらすはやさ
② おもりに
③ スタート位置

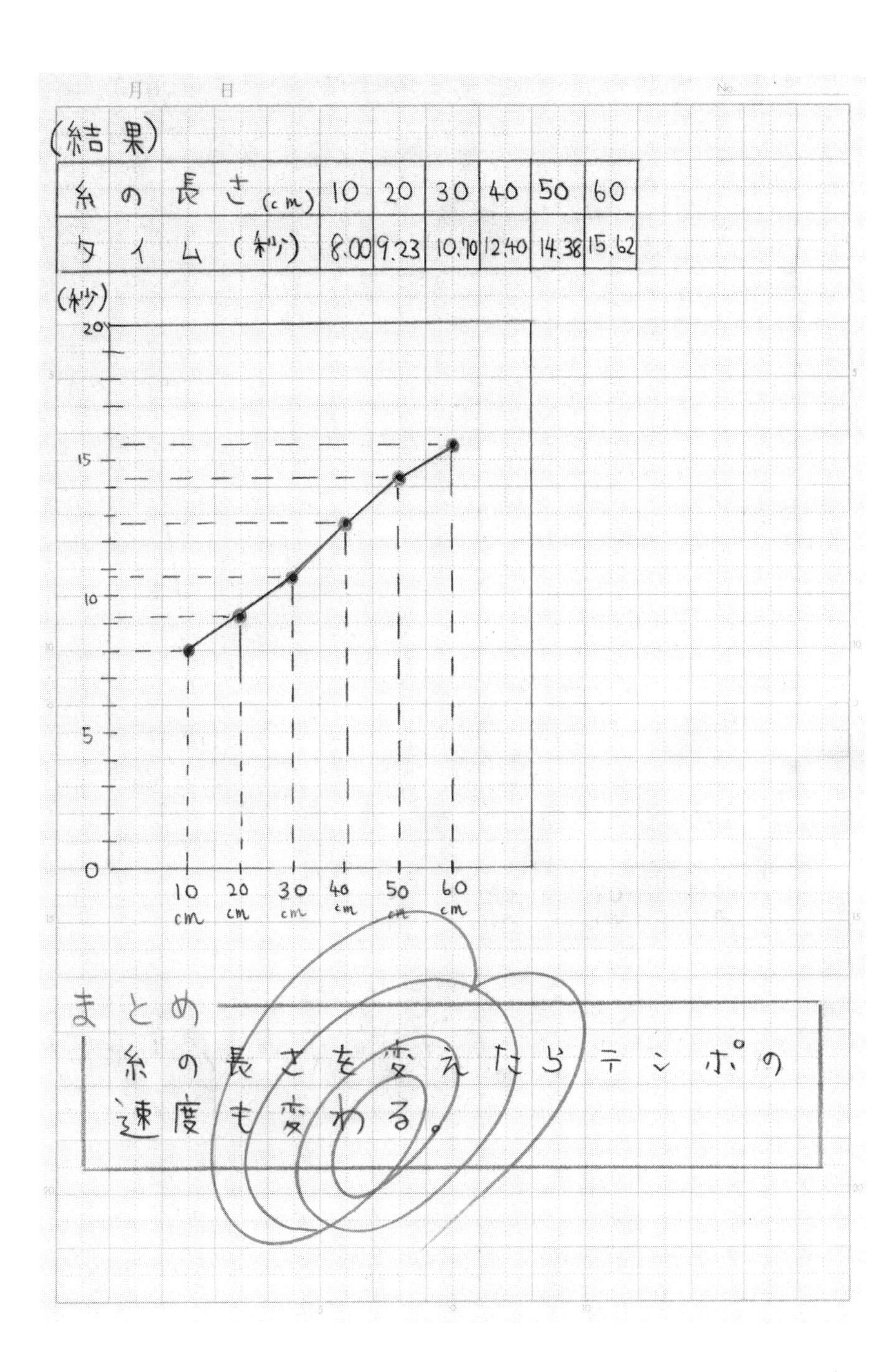

(結果)

糸の長さ(cm)	10	20	30	40	50	60
タイム (秒)	8.00	9.23	10.70	12.40	14.38	15.62

まとめ

糸の長さを変えたらテンポの速度も変わる。

第4時

「往復する時間」を変える方法を考える

前回の学習を思い出させる

まずは，前回の授業の復習を行った。

「ふりこが10往復する時間が，糸の長さによって変わりました。糸が短いと，10往復する時間はどうなりましたか？」

「短くなる。」

「早くなる。」

「糸が長いと，10往復する時間はどうなりましたか？」

「長くなる。」

「遅くなる。」

「糸の長さによって，10往復する時間は変わりましたね。」

テンポよく発問する中で復習を行う。

予習してきている子も迷う問題

糸の長さを同じにしたままで，10往復する時間を変える方法を考えなさい。思いついたら，ノートに書きます。

子供たちにノートに書く時間をとった。

絵で描いている子もいた。「絵で描いている人もいるぞ！」とほめた。

5分後に指示した。

4人班で，紹介し合いなさい。

4人班で話しているうちに，新しい考えが浮かんでくる子もいる。全く思いつかなかった子も，友達の話を聞いてメモをすることができていた。予習をしてきている子のほうが，不思議とアイデアを思いつかない。

子供たちが考えた「10往復する時間を変える方法」

子供たちが考えた方法は次のとおり。

①重いおもりにする。
②おもりを軽くする。(究極に軽くして糸だけにする。)
③おもりの形を変える。
④おもりを増やす。
⑤おもり以外のものをつける。
⑥支柱を斜めにする。
⑦斜めの方向に振ってみる。
⑧おもりと糸を回転させながら振る。
⑨おもりが円を描くように振る。
⑩勢いをつける。
⑪おもりを手から放す角度（位置）を変える。

実験の仕方を教える

この中で１つだけ実験をさせることにした。確かめたのは，「⑪おもりを手から放す角度（位置）を変える」である。

実験前に確認した。

「変える条件は何ですか？」

「変えない条件は何ですか？」

条件の統一はいつも確認していく。糸の長さや，おもりの重さなどは変えてはならない。

前回と同じで，表にまとめるように指示。

驚いたことに，図にまでまとめている子がいた。「すばらしい！」とほめた。

前回の知識を活用させる場面を意図的につくるべきである。何度も，表やグラフを書いているうちに，理解できるということもある。めもりや縦軸，横軸など，全て自力で表やグラフを書かせる。自分で書く経験をさせることが，表やグラフの読解力をつけることにもつながる。

ちなみに，ふりこ用の棒には，分度器が付属品としてついている。ついていない場合は，分度器を子供が用意すればよい。

結果は，次のとおり。

5 班

角度（度）	10	20	30	60	80
時間（秒）	9.3	9.4	9.5	9.5	10.0

7 班

角度（度）	10	20	30	40	50	60	70	80
時間（秒）	14.2	14.3	14.5	14.5	14.7	14.8	14.9	15.3

つまり，「おもりを放す角度」による違いは，ほとんどないことがわかる。ただし，角度が上がるにつれて，時間が若干だが長くなっている。

「振れ幅が小さければ，ほとんど 10 往復のタイムは同じ。」

「振れ幅があまりにも大きいと（90 度ぐらいでおもりを放すと），少しだけ時間が長くなる。」

というようにまとめた。

第 5 ～ 6 時

仮説が正しいかどうかを検証する

子供に任せる場面をつくる

残った方法について，本当に 10 往復のタイムが変わるのかを調べさせた。

①重いおもりにする。

②おもりを軽くする。（究極に軽くして糸だけにする。）

③おもりの形を変える。

④おもりを増やす。

⑤おもり以外のものをつける。
⑥支柱を斜めにする。
⑦斜めの方向に振ってみる。
⑧おもりと糸を回転させながら振る。
⑨おもりが円を描くように振る。
⑩勢いをつける。

これだけを２時間で行うのである。かなりの量である。

「変えてはいけないものは何ですか。」

「糸の長さ」,「おもりを放す角度」である。実験によっては,「おもりの重さ」も統一しなくてはならない。

実験方法は，子供に任せた。すると，タイムを計る方法ではなく，一発でわかる方法を子供たちが開発していた。

同時にふりこを揺らせば，タイムが同じかどうかは一目瞭然なのである。

はっきりした結果と曖昧な結果

最後に，結果を確認した。

①の「重いおもりにする」では，タイムの変化はなかった。

②の「糸だけふりこ」は，意外にもはっきり結果が出た。10往復で

きないと思ったが，糸だけでもなんとか10往復するのである。明らかに，糸だけのほうが10往復の時間が短くなった。その差は，1秒というところである。

③は意見が分かれた。これは，あたりまえである。各班，いろいろなおもりの形にしている。タイムが同じになるものもあれば，ならないものもあるのだ。ある子が言った。

「各班の，おもりのつけ方や，形をどうしたのかを統一していないので，結果がバラバラでもしかたない。」

いいことを言う。そのとおりである。

④も意見が分かれた。増やし方が違うからだ。結果が一緒にならなくてもしかたない。

⑤も同じ。つけるものによって，結果が変わる。重心までの距離が変わるものをつければ，タイムも変わる。

⑥は結果が同じになった。支柱を斜めにしても，タイムは変化しない。

⑦，⑧，⑨は，結果が分かれた。

⑩は，結果が出た。勢いを思いきりつけると，タイムが変わる。

調べたい意欲が増す時

結果が分かれたものは，次の時間に確かめることを告げた。

それにしても，結果が分かれたら，いっきに子供の熱中度があがる。我こそは絶対に正しいぞ，という子がいるからだ。「実験でもう一度確かめたい！」という気持ちになっている。理由を発表させてください，と懇願している子もいた。

残った5分で，確かめたい人は確かめてもいいことにした。嬉々として実験に取り組んでいた。

教師の出番

さて，問題は，次の時間の授業をどう組み立てるのかということである。

子供が，的確な意見を出した。「実験方法を統一しないと，同じ結果が出るとは限らない」である。授業の最後に「なるほど。わかった！」となるように，授業を組み立てなくてはならない。

何をどの順序で教えるべきなのかの判断は，教師にしかできない。

第7時

教師実験で検証する

斜めに振るとタイムは変わるか

教師実験で昨日の実験を確かめた。

ふりこを揺らすのは，教師が行う。ストップウォッチは子供にも持たせた。

「変えない条件は何ですか。」

毎回，実験前には「条件統一」を確認する。統一しなくてはならないのは，「糸の長さ」と「おもりを放す角度」である。

最初に調べたのは，「⑦斜めの方向に振ってみる」とタイムが変わるかどうか，である。

斜めに振っても，普通に振っても，みごとにタイムが一致した。何度かやって３分ぐらいで結果と結論をまとめた。

テンポよく，次の実験へと進む。

おもりを回転させるとタイムは変わるか

次は，「⑧おもりと糸を回転させながら振る」である。

結果は，これも，みごとにタイムが一致。普通に振っても，回転させて振っても，タイムは同じである。

円を描くふりこのタイムは変わるか

３つ目は，「⑨おもりが円を描くように振る」である。これは，「絶対変わるだろう！」と，ある子が力説していた。

結果はなんと,「ほぼ一致」である。おもりが円を描くように振っても，10往復のタイムが同じになる。不思議だが，結果はそうなった。

おもりを下に増やすとどうなるか

ここまで行った3つの実験で，タイムが変わらなかったのを見て,「なんだ，どれも変わらないのか」という感想が出ていた。そうした流れの中で4つ目の実験である。

4つ目は,「④おもりを増やす」である。これはどうなったか？

普通に振ると，10往復で「12秒」。おもり7個を下につけると,「14秒」。見ていて，明らかに遅いと感じるスピードであった。

「おもりを下に増やすと，10往復のタイムは変わる！　遅くなる！」

勉強の得意な子たちが，のきなみ不正解。予習をしている子は，糸の長さを変えていないのだから，絶対に変わらないと主張していた。それがみごとに不正解。教室がどよめいていた。

おもりを大きくなるように増やすとどうなるか

「変わる場合もあるぞ！」と盛り上がったところで，5つ目の実験。

ここで，少し勘ちがいの生じていることに気付いた。「おもりが増えたからタイムが変わったのか？」という勘違いである。

「重さが重くても，10往復のタイムは変わらないことはわかっている。しかし，おもりという『物』が増えることによって，タイムが変わるのではないか。」

「物が増えること」と,「重さが増えること」を同じとは考えていないのである。「おもりという『物』が増えても，10往復のタイムが変わらない場合がある」ことを示す必要があると考えた。

そこで，急きょ，次の実験を行うことにした。5つ目の実験は,「おもりを7個増やすが，大きくなるように増やす」である。

おもりを大きくなるように増やすとどうなるのか？「おもりが増え

たのだから，さっきと同じで，遅くなる」と考える子がいた。これはまちがいである。さっそく実験を行った。

おもり1個の10往復のタイムは先ほど計っている。さらに，おもり7個を大きなかたまりになるようにつける。

さて，どうなったか。

実験をしてみると，おもりが1個の時と，かたまりになった時とでは，みごとにタイムが一致する。

実験で気付いたことをノートに書かせる

下におもりを延ばすと，タイムが遅くなる。同じ数のおもりを，かたまりのように付けると，タイムは変わらない。これはどういうことなのか？

「ここまでの実験でわかったことや気付いたことを書きなさい。」

子供は次のようにまとめた。

「重さではタイムは変わらない。しかし，おもりも含めた長さが変わると，タイムは変わる。」

これは，ある意味で正解である。が，ある場合では不正解である。

次の時間は，不正解の場合を考えさせることにした。子供から，新しい疑問が出たためである。

「おもりを上につけるとどうなるのか？」

「全体の長さを変えずして，おもりを連結させるとどうなるのか。＜糸—おもり—糸—おもり＞にして，長さを同じにすれば，10往復のタイムは変わらないはずだ。」

次の時間は，子供から出た疑問を考えていく。

ちなみに，おもりを下につけた場合と，かたまり状につけた場合とを考えさせているということは，すなわち「おもりの形を変える」場合を考えさせていることを意味する。

まだ行っていない実験として，「おもり以外のものをつける」があるが，これは知識の活用場面で実験を行うことにした。

疑問を解決する

今までの知識を活用して考えさせる

新しい疑問が生まれた。

「おもりを上につけるとどうなるのか？」

「全体の長さを変えずして，おもりを連結させるとどうなるのか。

＜糸―おもり―糸―おもり＞にして，長さを同じにすれば，10往復のタイムは変わらないはずだ。」

まず，前回学習した内容を確認した。

・おもりを増やしてかたまり状にしたものはタイムが変わらない。

・しかし，同じ数のおもりを下に連結すると，タイムが遅くなる。

この2つの結果をものさしにして，次の問題を考える。

おもりを上につけると，10往復のタイムはどうなるか。

A　タイムは変わらない：20人

B　タイムは遅くなる　：6人

C　タイムは早くなる　：5人

D　その他の意見　　　：0人

「理由をノートに書きなさい。」

指名なしで，自由に発表してもらった。

「A　タイムは変わらない」と考えた子は，「全体の長さが同じなので，タイムは変わらない」という意見だった。

「B　タイムは遅くなる」と考えた子は，「おもりを下につけたときに遅くなったので，上につけても，糸が揺れにくくなって重くなるから，ゆっくり揺れると思う」という意見だった。

「C　タイムは早くなる」と考えた子は，「下につけたら遅くなったので，反対に上につけたら早くなるのではないか」と考えていた。

子供の2つ目の疑問を考えさせる

続いて，2問目の問題を考えてもらった。

「おもりを2つ連結させて，同じ長さにしたものはどうなるのか？」である。

これも，意見が分かれた。

A　タイムは変わらない：19人
B　タイムは遅くなる　：9人
C　タイムは早くなる　：1人
D　その他の意見　　　：2人

Cの子の理由は，先ほどと同じであった。が，「C　タイムは早くなる」の子は，激減した。

「A　タイムは変わらない」と考えた子は，「上のおもりは速く揺れるだろう。でも，その下のおもりはゆっくり揺れるはず。タイムは，下のおもりの10往復のタイムで計るので，結局タイムは変わらないはずだ」と説明した。

「B　タイムは遅くなる」と考えた子は，揺れ方が変わるからという意見だった。

「D　その他の意見」の子は，「揺れ方が上と下とで変わるので，途中で10往復がわからなくなるのではないか」と考えた。

検証実験を子供に任せる

さて，実験である。

「おもりを上につけると，10往復のタイムはどうなるか。」

実験はすべて子供に任せた。

いつものように，統一する条件を確認しながら，実験を進めていた。粘土をおもりの代わりに使っている子もいたし，おもりを連結させている子もいた。

結果は，1秒ほどタイムが変わる。同時に揺らすと明らかに，おもりを上につけたほうが速く揺れる。

これには，子供たちはびっくりしていた。結果が明らかになった瞬間，「うそー？」「計りまちがいか？」「もう一度試してみよう！」などという声が聞こえた。

明らかにタイムが早くなるのである。しかも，2つの実験とも，10往復のタイムが早くなる。

結論を考えさせる

今までの全ての実験結果をまとめて，わかったことを書きなさい。

ある子が言った。

「ふりこの往復する時間は，糸の長さとは関係ない！　おもりのまん中がどこにあるかで決まるんだ。」

子供が考えたふりこの性質を説明する実験方法

そして，おもしろい実験方法を考えた子がいた。

糸に，粘土のおもりをつける。粘土を少しずつ上に上げていく。すると，みごとに振れる速度が変わるのだ。

まさに，メトロノームと同じ原理である。おもりの位置を移動させることで，ふりこの周期に変化が起きるのだ。これを見せると，教室には，「なるほど！」という声がこだました。

結論は，次のようになった。

「ふりこが往復する時間は，糸をつり下げた棒から，おもりの中心までの距離によって決まる。」

発展問題で知識を活用させる

最後に，発展問題を出した。

・筆箱をつないだときのタイム

・ブランコで，座ってこいだときと立ちこぎしたときのタイムの違い

である。予想は，全員が一致した。

さっそく確かめさせた。座ってこいだときと立ちこぎしたときとの違いが盛り上がった。

「じゃあ，２人乗りではどうなるの？」

子供たちはいろいろなパターンを確かめていた。自ら追究する姿に，手ごたえを感じた単元であった。

以下は，子供の感想である。

> ふりこは，いろいろなやり方があって，やりがいがあり，おもしろかった。

> 最初に実験をした時は，10往復のタイムなど気にしないでやっていて，勉強するうちに，ふりこの振れ方の法則に気付いて，とてもおどろいた。これから，ふりこのようなものを見たら，どういうようにゆれているのかをすぐに探しだせると思う。

> 今回の理科の授業は，ほかの授業よりも楽しかった。

> いろいろな条件をかえて，発表するのがとても楽しかった。
> ふりこの秒数は長さによってちがう。重さが変わっても秒数は変わらないというのがわかった昔の人たちはすごいなと思った。

おもりのスピード

子供たちは，最初の実験で「おもりの動くスピード」に注目していました。

厳密にいうと，次の 2 つは違います。

・ふりこが 1 往復する時間
・ふりこのスピード

◆

2 つの実験をしました。まずは，「すっきりした！」ほうの実験から紹介します。

教科書では，「ふりこが往復する時間」についてだけ調べることになっています。例えば，「10 往復するのに，10 秒かかった。」つまり，「1 往復する時間は，ちょうど 1 秒だ。」このように，糸の長さの違いで，1 往復する時間が変わることがわかればいいのです。

つまり問題にすると，次のようになります。

> 糸の長さが長い A のおもりと，短い B がある。A と B と，1 往復する時間が短いのはどっち？

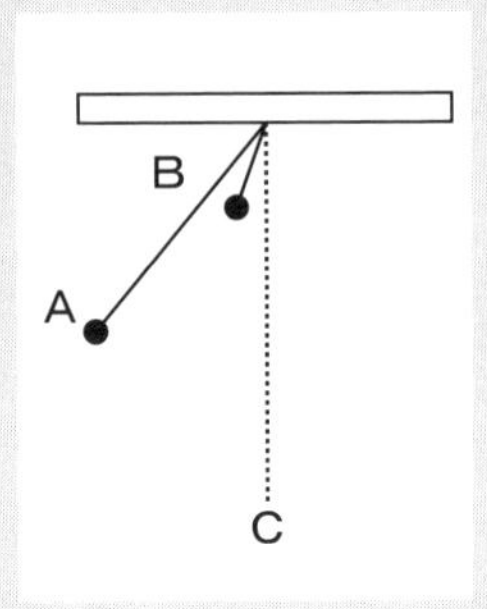

答えは，「B」です。B のほうが 1 往復する時間は短いです。平たくいえば，B のほうがさっさと揺れます。糸の長い A のほうはゆっくりと揺れます。

このこと自体は，1 時間目で，あっというまに子供はわかってしまいました。

◆

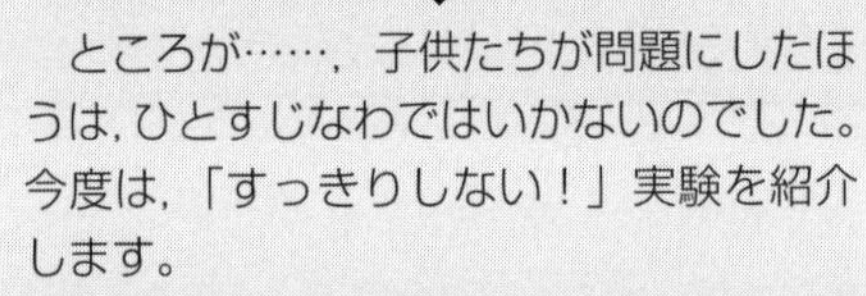

ところが……，子供たちが問題にしたほうは，ひとすじなわではいかないのでした。今度は，「すっきりしない！」実験を紹介します。

> A と B と，C 地点でのおもりのスピードが速いのはどっち？

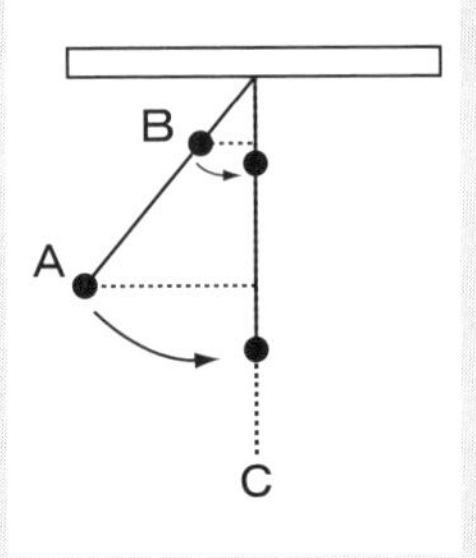

答えは，糸の長さが長い A のほうなのです。

子供たちの反応。

「……。よくわからん。」
「！？　なんで！？」

◆

言葉の違いというのは，難しいものです。
「1 往復する時間」が短いのは，糸の長さが短い B のほうです。ところが，「スピードが速い」のは，糸の長さが長い A なのです。
ここのところは，難しいのではないでしょうか。
教科書では，スピードの違いにはふれていません。ふれると，わけがわからない状態になるからでしょうか。
でも，一度は考えるに値する問題です。

◆

なぜ，糸の長いほうがスピードが速くなるのでしょうか。
それは，スピードは糸の長さに関係しないからです。
スピードは，おもりのスタート位置の「高さ」だけに関係します。
A と B とを比べて，C 位置（高さ 0cm）からの高さが高いのは A のほうです。糸の長さの長いほうが，高い位置からスタートしています。
それで，高くなった分，A のほうが速くなるのです。
もちろん，高さを同じにすれば，C 地点でのおもりのスピードは同じになります。

◆

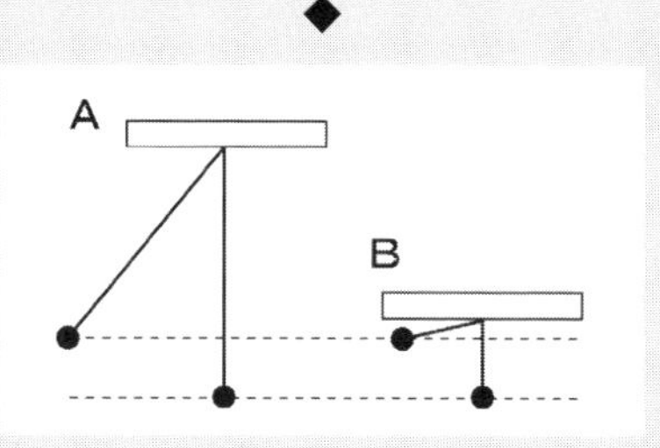

子供たちには，「高いところから物が落ちると，スピードはどんどん速くなる」ことを説明しました。
詳しくは，高校で勉強します。
スピードガンでもあれば測定できるのですが，スピードを実感させるのはなかなかに難しいです。

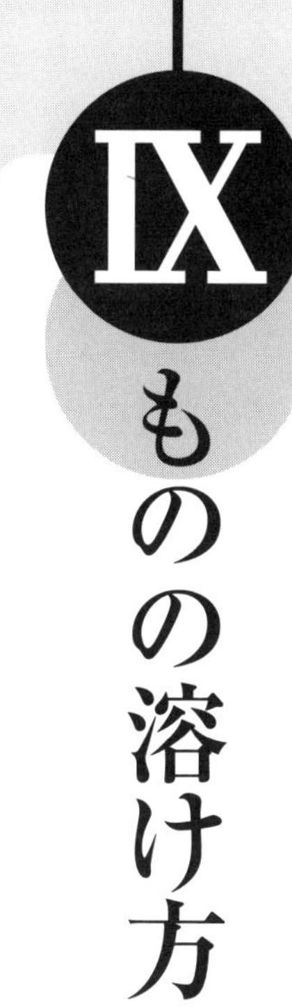

Ⅸ ものの溶け方

IX　ものの溶け方

ひと口に「溶ける」と言っても，その意味するところを理解させるのは難しい。「水に溶ける」とはどういうことなのか。大人でも説明に困る。

本単元では，次のように「溶ける」の定義を教えた。

・透明になる。

・均一に混ざっている。（下に落ちない。）

・粒が見えなくなるほど，小さくなっている。

難しいのは，「溶ける」と「溶けない」の間に，「混ざっている状態」があることだ。

「食塩」のように，透明になり，粒も小さく消え，均一になっているものは，「溶けている」といえる。

だが，絵の具は溶けたとはいえない。絵の具を水に溶かすと，粒は見えないぐらい小さくなる。しかし，透明ではない。さらに，下に沈まずに，均一になっているように見えても，厳密には均一ではない。絵の具は水に溶けたのではなく，粒が小さくなって水に混ざっているだけなのである。

言葉の定義を教える指導だけでも，さまざまな工夫が必要になる。実験の中で，体験的に理解させたい。

また，実験道具が数多く出てくる単元である。使い方を確実に習得させたい。そこで，１人１人に実験器具を使う機会を確保する。ペアで実験をさせるとよい。何度も実験器具に触れることができる。

習得させたい知識

1　ものが水に溶ける量には限度があること。
2　ものが水に溶ける量は，水の温度や量，溶けるものによって変わること。
3　ものが水に溶ける量に限度がある性質と，温度によって溶ける量が異なる性質を利用して，溶けているものを取り出すことができること。
4　ものが水に溶けても，水とものとを合わせた重さは変わらないこと。

習得させたい技能

1　ものが水に溶ける規則性について，条件を制御して調べることができる。
2　実験を行った結果を表やグラフで表現することができる。
3　液量計やはかり，ろ過器具，加熱器具，温度計などの器具を正しく，安全に使用することができる。

単元実施計画

時　間	学習内容と指導方法の重点
第１時	【習得】「溶ける」という言葉の定義を知る
第２時	【習得】「溶ける」ものを探そう
第３時	【習得】「溶ける」ものを確認する
第４～５時	【習得】食塩は水にどれぐらい溶けるのか
第６時	【習得】食塩が水に溶けると，食塩の重さはなくなるか
第７時	【習得】水の温度を上げたら食塩はもっと溶けるか
第８時	【活用】ホウ酸は食塩と溶ける量が違うか
第９～10時	【活用】ホウ酸と食塩の溶け方を比べる
第11時	【習得】温度差を利用してホウ酸を取り出す方法を知る
第12時	【探究】疑問を追究する
第13時	【活用】学習のまとめを行う

第1時

「溶ける」という言葉の定義を知る

「溶ける」という言葉の意味を分類させる

「とける」という言葉を使って，文を考えさせた。例えば，「アイスがとける」のような文を作らせるのである。

次に，意味の違いを尋ねた。子供から，4つの意味が出された。

・固いものが液体になった。「アイスがとける。」

・水に混ざって小さくなった。「水に塩がとける。」

・解決した。「問題がとける。」

・解放された。「手錠がとける。」

「今日から勉強するのは，『水に混ざって小さくなった』という意味の『溶ける』です。」

「溶ける」という現象を観察させる

「水に溶けるという現象を見てみましょう。」

1m50cmの透明塩化ビニルの筒に水を入れ，粘土で栓をした。

筒のいちばん上から，食塩を落とした。最初は，1粒。ゆっくりと落ちていく。途中で消えた。子供は,「あれっ？　消えた……。」という反応。

次に，10粒ぐらい落とした。最初に1粒落としているので，たった10粒でも，「多い！」と感動。落ちていく途中で「フッ」と消えた。

最後に，食塩を大量に落とした。「うわぁ！」と歓声があがった。まん中を少し過ぎたぐらいで，すべての食塩がほぼ同時に消えた。そして，もやもやの液体が残った。

「溶ける」現象を班ごとに観察させる

まず，食塩を，虫眼鏡で見せた。

班で，「溶ける現象」を観察してごらんなさい。

次の2つの実験をさせた。

・筒に1粒落として，溶かす。

・紅茶パックに塩を入れて，溶ける様子を見る。

子供の気付きと疑問

気付いたことや疑問をノートに書きなさい。

・しずくを落とすと，リングのような形になって広がった。

・水は透明のままだった。

・3秒も待たないうちに溶けた。

・溶けて「もやもや」したものは，しばらくして消えた。

・塩以外でも，もやもやは出るのかな？

・温かいお湯で同じことをやっても，同じように溶けるのか。

・溶かす塩の量をもっと増やすとどうなるだろうか。

・粉のようになるわけではなく，水あめのように溶けたのはなぜか？

・「もやもや」が下に落ちてから，横に広がっていた。

第2時

「溶ける」ものを探そう

「溶ける」の定義を教える

「溶ける」の定義を教えた。

・透明になる。

・均一に混ざっている。（下に落ちない。）

・粒が見えなくなるほど，小さくなっている。

「均一」というイメージが難しかった。そこで，絵を描いて説明した。食塩が，まんべんなく水の中に混ざっている図である。

溶けるものを予想させる

次のものは，水に溶けますか。溶けると思ったらノートに○，溶けないと思ったらノートに×を書きなさい。

・砂糖　　　　　　　・コーヒー
・小麦粉　　　　　　・絵の具
・みそ　　　　　　　・石けん
・でんぷん

1人1つは実験を行う

1人1実験です。班で相談して，自分が溶かすものを決めなさい。

ビーカーに付箋をして，どの班の何を溶かしたものかがわかるようにした。

第3時

「溶ける」ものを確認する

「溶ける」の定義を確認する

「溶ける」には，3つの条件がありました。何でしたか。

・透明になる。
・均一に混ざっている。（下に落ちない。）
・粒が見えなくなるほど，小さくなっている。

溶けているかどうか考えさせる

まず，見せたのは，絵の具を混ぜた液である。

絵の具は溶けているといえますか。

絵の具は，3日放置していても下にたまっていない。粒も，見えないほど小さい。

ところが，透明ではない。濁っている。それに，よく観察すると，下の方がわずかに濃いように見える。

よって，絵の具は「溶ける」とはいわない。混ざっている状態である。

2つめに，コーヒーを確認した。

コーヒーは溶けているといえますか。

コーヒーを溶かしたものは，黒く濁っている。

これも，絵の具と同じである。均一で粒も見えないが，透明ではない。つまり，「溶ける」とはいわない。

子供からの鋭い質問に答える

ここで，子供から疑問が出た。

「先生，ぼくたちの班のコーヒーは透明です。ということは溶けているのでしょうか？」

コーヒーの粉をあまり入れていない班は，確かに透明である。私は，次のように実験してみせた。

たっぷり水が入ったビーカーに，絵の具の混ざった水を１滴入れてみる。すると，どうなるか？　透明のままだ。たったの１滴しか入れていなければ透明になる。

だから絵の具は溶けているのだ，と考えるのは，すこし早い。

たっぷりの絵の具を入れてみると，やはり濁ってくる。透明ではなくなる。コーヒーも同じだ。少ししか入れないと透明だ。だが，たくさん溶かすと濁る。しかし，塩は違う。たくさん入れても，ずっと透明だ。

たくさん溶かしても，透明のままであり続ける。これが「溶ける」だ。つまり，塩は溶けているが，コーヒーや絵の具は溶けているとはいえない。水に混ざっているのだ。

実は，放置しても下にたまらずにずっと濁っているものは，溶けるもの（砂糖，食塩など）と溶けないもの（みそ，小麦粉など下にたまるもの）の中間です。コロイドと呼ばれます。水に混ざったときの「粒の大きさ」が，食塩などの溶けるものよりも，ほんの少し大きいのです。牛乳もコロイドの一種です。

残った液体を子供に判定させる

残りの液を，溶けているか溶けていないか，判定しなさい。

・砂糖　<溶ける>　　・コーヒー　<溶けない>
・小麦粉　<溶けない>　　・絵の具　<溶けない>

・みそ　　　＜溶けない＞　　　　　・石けん　　＜溶けない＞
・でんぷん　＜溶けない＞

「味の素」が溶けるかどうかも試した。「味の素」は，溶ける。食塩のように，もやもやが出てから，透明になる。たくさん溶かしても，透明のままである。

結果をまとめさせる

ものには，「溶けるもの」と「溶けないもの」と，「その中間」があることを教えた。

・水に混ざると，ものすごく小さくなって，透明になるもの。（溶けるもの）
・混ざっているだけで，数日たったら下に落ちるもの。（溶けないもの）
・長時間放置していても，下に落ちないが，透明ではなくて濁っているもの。（その中間）

砂糖が本当に溶けているかどうかはどうやってわかるか

砂糖を溶かした液は透明です。砂糖が本当に溶けているのかどうか確かめます。どうやったら，砂糖を取り出せますか。

「水を蒸発させる」という意見が出た。

アルコールランプで蒸発皿を熱した。蒸発皿に，砂糖水を入れた。水が蒸発して，べっこうあめのいいにおいがしてきた。

つまり，砂糖が溶けていたことが，水を蒸発させることで確認できたのである。

マッチの使い方を習得させる

時間が余ったので，マッチの使い方を練習させた。

まず，3回ほど，私がやってみせた。

次に，マッチをほとんど使ったことのない子３人にやらせてみた。まちがった持ち方をしている子には，正しい持ち方を教えた。そして，ちゃんと火をつけられたことをほめた。

実験技能の教え方の原則は次である。

・まず，教師がやってみせる。
・次に，子供にやらせてみる。
・評定する。（できていればほめる。できていなければ教える。）

「10秒以上持てると合格」とした。班で練習させた。

第４～５時

食塩は水にどれぐらい溶けるのか

習得させたい実験技能

本時で，教えるべき実験技能は，次である。

・すりきり１杯
・メスシリンダーの使い方とめもりの読み方
・ピペット（スポイト）の使い方

実験ノートの書かせ方

「みんなの疑問の中に，次の疑問がありました。」

塩の量をもっと増やすと，どれぐらい溶けるのだろうか。

「教科書に，同じ実験が出ています。」

教科書を私が音読した。実験の目的，方法までを読んだ。

「実験ノートを書きます。見開き２ページになるようにノートを開きなさい。実験ノートの最初に何を書きますか。」

「目的です。」

「目的は何ですか。」
「食塩は水にどれぐらい溶けるのだろうか，です。」
「次に何を書きますか。」
「実験方法です。」
このように，一問一答をしながら，ノートに書かせていった。

実験方法が書けた人から，前に来なさい。

いきなり実験に入るのではなく，前で一度，私が実験をしてみせた。道具の使い方を教えるためである。
メスシリンダーの使い方が難しい。
「メスシリンダーで，50ml を量ります。なかなか，50ml ちょうどになりません。そこで，スポイトを使います。」
注意することも教えた。
「まっすぐめもりを見ます。まっすぐ見ないと，ぴったり 50ml になっているかどうかわからないからです。」
いちばん難しいのは「液面のどこを見るのか」である。教科書の写真や絵で確認させなくてはならない。
「水面が重なって見えます。水面のいちばん下の面に合わせます。」
計量スプーンの使い方も教えた。「すりきり 1 杯」をやってみせた。何人かにやらせてみせた。その都度，私が評定した。
「100 点！　いいね。」
「80 点。山盛りにしてから，すりきるといいよ。」
どうすれば，うまくすりきれるかが，わかったようであった。
すりきり 1 杯が何 g になるのかも教えた。電子てんびんで量ると，3g を示した。

実験に必要な実験道具をノートに書きなさい。

実験をしてみせたので，どの子も準備物を書くことができた。

実験結果がどうなるか。予想を書きなさい。

「溶ける量には限界がある。」
「水の量が多いほどよく溶ける。」

結果の表を作りなさい。

「何杯溶けるか」で結果の表を作らせた。

実験の途中経過がわかるようにする

ペアで実験をします。50ml を溶かす人と，100ml を溶かす人とに分かれます。ノートが書けたペアから，実験を始めなさい。

途中経過がわかるように，黒板にも結果の表を書いた。1杯溶けたらその都度，○を書いていく。子供たちは，嬉々として食塩を溶かしていた。

ガラスのかき混ぜ棒を使う場合，ゴムがついているほうで混ぜることを言っておく。ガラスのほうで混ぜると，ビーカーが割れてしまう。

ちなみに，食塩は，食用のものを使用した。溶かしたあとに，どれぐらい濃くなったのかを確かめてみたくなるのが人情だからだ。安全にも配慮する。

結果と結論を書かせる

結果をノートに書かせた。

- 50ml で 18g ほど溶けた。
- 100ml で 36g ほど溶けた。

最後に，結論を書かせた。

「食塩が水に溶ける量には，限界がある。水の量が 2 倍になると，溶ける食塩の量も 2 倍になる。」というようにまとめた。

気付いたことがあれば，ノートに書くことになっている。ぴったり見開き 2 ページで終わるように，子供たちは工夫していた。

教師の演示実験でインパクトを与える

最後に，溶けた食塩を取り出す実験を行った。

前回は，砂糖が溶けた水を蒸発させて，砂糖を取り出した。今回は，食塩が溶けた水を蒸発させて，食塩を取り出す。

このように，何度も同じような実験をすることで，子供の知識が定着する。

水を蒸発させて，塩を取り出します。

昨日と同じく，私がやってみせた。

まず，ろ過をしてみせた。子供たちは，口々に「ろ過って何？」と言っていた。

「ろ過とは，この紙に水を通すことを言います。紙に水を通すのですから，大きいものは紙を通ることはできません。溶け残った塩は，紙につかまっ

No.　　　　月　　日

1／13　ものの溶け方

目的　食塩は、水にどれぐらい溶けるのだろうか。

方法①50mlの水をはかる。
②ビーカーに入れる。
③スプーンすりきり1ぱいの食塩をとる。 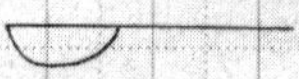
④まぜる。

準備物　①食塩(1ぱい3g)
②水
③メスシリンダー
④ビーカー(大・小2つ)
⑤スプーン
⑥わりばし
⑦スポイド
⑧薬包紙

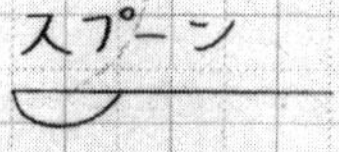

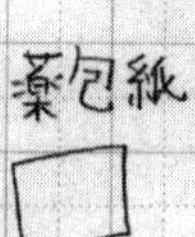

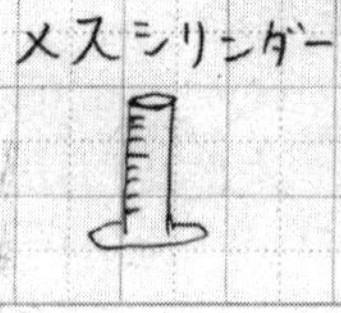

月　日　No.

予想　50mlと100mlはどっちがよく溶けるか。？
私は100mlだと思う。

結果	1	2	3	4	5	6	7	8	9	10	11	12	13
50ml	○	○	○	○	○	○	×						
100ml	○	○	○	○	○	○	○	○	○	○	○	○	×

50ml→18g 溶ける
100ml→38g 溶ける

気付いた事
①6ぱいの時は両方ともとけている。
②50ml→18g、100ml→38g溶けて2倍になっている。
③100mlの方がとけた数が多い!

結論　食塩が水に溶ける量には、限界がある。
水の量が2倍になると溶ける食塩も2倍になる。

よくまとめています! さすが!

て残ります。今，先生は，溶け残っている塩を取っているのです。」
と説明した。
　すると，子供から質問が出た。
「先生，ひょっとして，溶けた塩も紙にくっついて，通れないのでは？」
「なるほど，いい質問だ。」
とほめた。
「ろ過した水はしょっぱいかな？　それとも，ただの水かな？」
　意見は半々ぐらいに分かれた。確認すると，濃い塩味がした。溶けている塩は，紙を通過できることがわかった。
　このように，「ろ過」についても，この時点で教えておくと，ホウ酸で実験をするときに，すんなりと理解ができる。
　ろ過した液を，ピペットで吸い取った。
　ピペットの使い方のコツは，液がいちばん上の赤いゴムのところまでいかないよう，反対に向けないことだ。赤いゴムのところまで液がいくと，ゴムが劣化してしまうからだ。
　アルコールランプの火で，熱くなった蒸発皿に，飽和食塩水を３滴ほど落とした。すると，ジュワ！　という音とともに，水がいっきに真っ白な塩に変わった。
「うわ！！」
「白い！」
「塩がはじけ飛んできた！」
と大騒ぎである。砂糖が出てきたときよりもインパクトがある。

7 自然乾燥させるとどうなるかも調べさせる

　教科書には，もう１つの実験方法が載っている。自然乾燥させる方法である。飽和食塩水を使って行うことにした。
　各班のビーカーを，理科室の端の机に置かせた。数日後に，観察することにした。

第6時

食塩が水に溶けると，食塩の重さはなくなるか

実験をしてみせる

食塩が水に溶けると重さはなくなりますか。

まず，教科書を音読した。

次に，実験の目的をノートに書かせた。

「目的が書けた人から前に来なさい。」

私が実験をしてみせた。計量はかりに，次のものをのせた。

・水の入った蓋つきの入れ物

・塩の入った透明の入れ物

蓋つきの入れ物に塩を入れて溶かした。そして，計量はかりの上に，蓋つきの入れ物だけを置いた。

「のせるものは，これだけでいいよね。」

子供たちは顔を見合わせている。塩が入っていた透明の入れ物ものせなくてはならない。

「戻って，実験ノートの続きを書きなさい。」

実験前の予想

予想を確認した。

・溶けたら重さはなくなる　1人

・溶けたら重さは少しなくなる　16人

・溶けても重さは残る　11人

・溶けたら重くなる　2人

結果が食い違ったときの対処法

実験はペアで行った。

塩を少し多めに入れるのがポイント。300ml に対し，70 ～ 80g ぐらい入れさせる。塩の量が多いほうが，「溶かしても重さが変わっていない」ということを理解させやすい。

結果を確認した。

- 少し軽くなった　1ペア
- 軽くなった　1ペア
- 変わらない　14ペア

結果が班によって違っていた。

自分の実験が正しくできたかどうか振り返りなさい。

軽くなったペアが答えた。

「水がこぼれてしまっていました。」

実験がうまくいかなかった原因がわかるのは，立派だとほめた。少し軽くなった班は，ほんの少し，塩がこぼれたり，水がこぼれたりしていた。

このように，実験結果が分かれたら，実験の手順をもう一度振り返らせるとよい。

結論を書かせた。

「食塩は水に溶けても，重さはなくならない」のようにまとめられた。

第７時

水の温度を上げたら食塩はもっと溶けるか

実験ノートを子供に全部書かせる

水の温度を上げたら食塩はもっと溶けるのでしょうか。

教科書を音読した。

実験ノートを自分で完成させなさい。

音読のあとで，すぐに実験ノートを書かせた。教科書どおりの実験が続いているので，だんだんと子供に任せるようにした。私はいっさい板書をしなかった。

30℃と50℃の水に，どれぐらい食塩が溶けるかを調べる実験である。

理科室はお湯が出る。30℃や50℃に調節するのが簡単である。大きな容器にお湯を入れておき，そこにビーカーを入れる。ビーカーの水が冷めないようにするためである。

疑い深い子を大切にする

ペアで実験をさせた。

結果を発表させた。次の結果の班が多かった。

・30℃で6～7杯溶けた。

・50℃で6～7杯溶けた。

温度を上げると，食塩が大量に溶けるはずだと考えた子は，休み時間になってもかき混ぜていた。しかし，溶けない。温度を上げても，溶ける量はあまり変化しない。この事実に，驚いていた子が多かった。

「疑い深いことは，理科ではよいことだ」と言って，残って実験していた子をほめた。

型があるから子供が進んで学習できる

今日は，実験中，ほとんど指示をしなかった。教科書どおりの実験が連続3回目である。教科書を見ながら子供だけで実験ができるようになった。

特別支援を要する子も，しっかりノートをとっていた。その子は，今年は，ノートをよく書いているらしい。特別支援学級の担任の先生が驚いていた。

結論は，「水の温度を上げても，食塩の溶ける量はあまり増えない。」のようにまとめた。

第8時

ホウ酸は食塩と溶ける量が違うか

ホウ酸の説明をする

「今日から，食塩以外のものを溶かします。」

全員を教卓の前に来させた。

ホウ酸の説明をした。

「これは，ホウ酸といいます。

病院で目を洗うときに使われます。殺菌作用があるのです。

殺虫剤にも使われます。ホウ酸団子として，売られています。食べると体に毒です。絶対に口の中に入れないように注意してください。でも，もし，触ったり口に触れたりしたら，水でよく洗ってください。」

ホウ酸は水に溶けます。では，食塩と溶ける量は同じでしょうか。

ものによって，溶ける量が違うと考えている子が多かった。

条件統一を確認する

前回，食塩を水に溶かした時には，50ml と 100ml で確かめました。
ホウ酸を水に溶かして，食塩が溶ける量と比べてみます。
水の量を何 ml にしますか。

「50ml と 100ml」である。条件をそろえて比べることをおさえる。

実験ノートと実験を子供に任せる

> **50ml と 100ml で確かめます。実験ノートを作ったペアから実験を始めなさい。**

食塩がホウ酸に変わっただけである。一度やった実験とまったく同じである。ここは，知識と技能の活用場面である。あえて，子供に丸投げした。私は，どうしてもできないという子を探して，補佐する役に徹した。

だが，実験の方法を理解していない子はいなかった。ペアで相談しながら実験を行っていた。

50ml に対し，たった 1 杯（2.5 ～ 3g 程度）でも溶けない。食塩に比べ，圧倒的に溶けないことがわかった。

ろ過したあとで蒸発させる

実験結果まで書かせて，もう一度教卓の前に集合させた。

「ホウ酸が，本当に溶けているかどうか確かめます。溶け残ったホウ酸があるので，ろ過をして，取り除きます。」

ろ過を私がしてみせた。これで，ろ過は 2 回目である。

「溶け残ったホウ酸の粒は，ろ紙を通り抜けられるのですか？」

「通り抜けられません。」

「では，溶けたホウ酸は，ろ紙を通り抜けられるのですか。」

多くの子が，「通り抜けられます。」と答えた。

「溶けた粒は，ものすごく小さいので，ろ紙を通り抜けられます。」

ろ過した液を，熱しておいた蒸発皿に入れて，水分を飛ばした。すると，ホウ酸の白い粒が出てきた。

「このように，溶けていますね。でも，食塩水を蒸発させた時よりも出てくる白い粒が少ないです。」

> **今までの実験から，結論をノートに書きなさい。**

「水に溶ける量はものによって違う。食塩はたくさん溶けるけど，ホウ酸は1杯ぐらいしか溶けなかった。」

このようにまとめられた。

ちなみに，「食塩も，ホウ酸も，水が2倍になると，溶ける量も2倍になる」ことに気付いている子がたくさんいた。

片付けのときに，ホウ酸を水道に流さないように注意した。

廃液ポリタンクの中に入れさせた。

第9～10時

ホウ酸と食塩の溶け方を比べる

いっきに2つの実験を行う

まず，実験ノートを書かせた。

次の2つを実験する。

「ホウ酸が水に溶けると，重さはなくなるのか。」

「水の温度を上げると，ホウ酸が多く溶けるようになるか。」

食塩とホウ酸を比べます。水の温度を何℃にしますか。

食塩を溶かしたときの温度と同じにする。つまり，30℃と50℃を両方実験することになる。

実験の目的を板書した。そのあと，すぐ指示した。

実験ノートを書きなさい。今日はいっきに2つ実験します。

2つ分の実験ノートである。時間がかかった。書くだけで20分ほどである。だが，食塩でも同じノートを作っているので，早い子は，15分で書けていた。

実験前にノートチェックを行う

ノートが書けたら，班でノートを持ってきなさい。

細かいことだが，「班で持ってくる」である。4人班で相談してもよいことを暗に指示しているのだ。

私は，4人の中の，いちばん書いていない子のノートを見る。準備物や，実験方法，結果を書く欄など，何か不備があると，次のように言う。

「これでは，何かが足りません。実験ができません。もう一度，班でノートを見てきなさい。」

一度不合格になると，子供たちは本気になって考えるようになる。

「どこが，おかしいのかな？」

「何が足りないのかな？」

と考える。

30分後，合格した班から実験を開始した。1度不合格になった班も，相談してすぐに合格していた。以前に書いた実験ノートの「食塩」の部分を「ホウ酸」に変えればいいだけだから簡単である。

分担して実験を行わせる

こうして，2つの実験を連続でさせた。

食塩で1度やっているので，実験はスムーズに行えた。しかも，今回は班で協力させた。同時進行で実験をしている班が多かった。

つまり，①重さの実験をする人，②30℃で溶かす人，③50℃で溶かす人，④記録する人（ホウ酸をすりきり1杯とる人），というように4人で分担して実験を行う班が多かったのである。

仕事を1人1つ受け持つと，30分もあれば十分に実験が終了する。

結果をまとめさせる

残り15分でまとめを行った。

まず，結果をノートに書かせた。「ホウ酸を溶かしても，重さは残る」が結果として出された。

結論は「ホウ酸を溶かしても，重さはなくならない。」のようにまとめられた。

温度によって溶ける量は，次のように違っていた。

・30℃で2杯溶けた。

・50℃で3杯溶けた。

結論は，「温度が高くなると，溶ける量も増える」というようにまとめられた。最後に，まとめを行った。食塩とホウ酸の溶け方のグラフを書かせた。

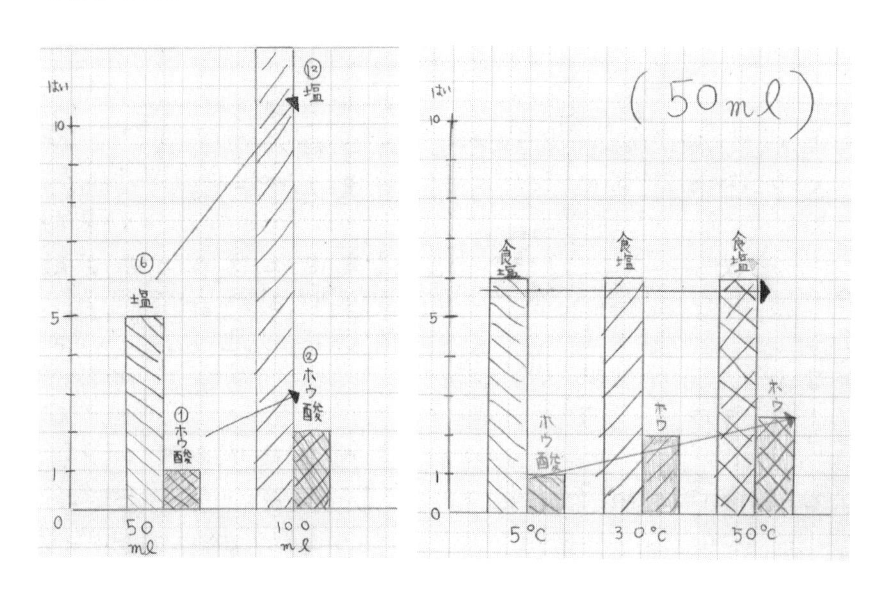

グラフを見て，気付いたことを書きなさい。

子供の主な気付きは，次のとおり。

・水の量が2倍になると，溶ける量も2倍になる。

・食塩はホウ酸の5倍から6倍溶ける。

・ものによって溶ける量が違う。
・水の温度を上げると，ホウ酸はたくさん溶けるようになるが，
　食塩はそんなに溶ける量は変わらない。

細かいことだが，「〇〇水」と呼ばせることも大切だ。ホウ酸が溶けたものは，「ホウ酸水」，食塩が溶けたものは「食塩水」と呼ぶことを教える。

第11時

温度差を利用してホウ酸を取り出す方法を知る

冷やすとホウ酸が出てくることを確認する

前回溶かしたホウ酸水を見ると，白く濁っていた。

ホウ酸水が，白く濁っているのはなぜですか？

「温度が下がってホウ酸が出てきたから」という考えが出された。

もう一度，ホウ酸水を50℃ぐらいに温める。電熱器で温めると，すぐに温まる。液を温めながらかき混ぜた。みるみるうちに，ホウ酸水は透明になる。

「温度を上げると，再びホウ酸は溶けます。」

ホウ酸水を冷やします。ホウ酸は出てきますか。

子供たちは，「出てくるよ！」と口々に答えた。

氷水の中に入れて冷やした。溶けきれなくなったホウ酸が出てきた。

「温度が下がったので，溶けきれなくなったホウ酸が出てきました。」

班のホウ酸を使って，温めたり冷やしたりして確かめてごらんなさい。

一度，子供たちにも実験させた。

温度をもっと下げるとどうなるか？

子供に実験をさせたあとに，教卓の周りに集合させた。

「さて，今持っている先生のホウ酸水の水温はだいたい10℃ぐらいです。これをろ過します。」

私が前でろ過してみせた。これでろ過は3回目。もうろ過の意味は子供たちに理解されている。

ろ過をすると，透明になりました。なぜですか？

しつこいようだが，念のためにきいていく。「溶け残ったホウ酸は紙を通れないから」が理由である。

ろ過をして透明になった液にホウ酸は溶けているのですか。溶けていないのですか。

多くの子が「溶けている」と考えていた。冷たい水（5℃）でも，ホウ酸は少し溶けたからである。5℃でも溶けることは実験済みである。まして10℃のホウ酸水である。冷やしても，全部のホウ酸が出てきているわけではないと考えているのだ。

ろ過して透明になった液にホウ酸は溶けているのかどうか確かめます。どうやって確かめたらいいですか。

2つの方法がある。すぐに考えられるのが，「蒸発」である。今までこれでやってきている。

蒸発以外に方法はありますか。

「冷やす方法」である。

ろ過した液を，さらに冷やして，ホウ酸が溶けているかどうか調べます。
班のホウ酸水を使って，実験を始めなさい。

ろ過を何度もやってみせていたので，子供たちは抵抗なく正確にろ過することができていた。

ろ過した液を，さらに氷水で冷やすと，ホウ酸が出てくる。「もっともっと冷やしたい！」と休み時間になっても粘っている子がいた。「先生，これ，教室に持って帰って見守りたい！　次々と白いホウ酸が出てくるのが楽しい！」と喜んでいた。

ある子が，「温度を限界まで下げた水には，ホウ酸は溶けているのか？」と疑問を出した。

「最後は氷になるけど，0℃だと水だから溶けるよ」と教えた。

第12時

疑問を追究する

自然蒸発させておいた食塩水

自然蒸発させておいた食塩水を確認しなさい。

数日間置いていた食塩水を観察させた。

水が蒸発した分，食塩が出てきていた。まだ，水は少し残っている。観察すると，溶かしたときよりも少し大きな食塩になっている。長い食塩の結晶もあった。

自然に蒸発させても，ちゃんと食塩が出てくることがわかった。

「水が蒸発した分，水に溶けていた食塩が出てきます。」

蒸発実験を子供にさせる

アルコールランプで熱して，食塩水を蒸発させる実験を行わせた。「これを待っていたんだ！」と叫んでいる子がいた。

蒸発実験は，何度も私がしてみせていたので，子供たちもやり方はわかっている子が多かった。

・まず，食塩を大量に溶かす。

・ろ過する。

・透明になった液を蒸発させる。

注意点を確認した。「食塩水を急に熱すると，食塩が飛んでくることがあるので，少し離れていること」である。

「では，班で蒸発させてごらんなさい。」

10分ほど，食塩水の蒸発実験を楽しんだ。透明の液体が，真っ白な塩に変化する。子供たちは飽きることなく何度も実験していた。

子供から出た疑問を解決する

残った時間で，子供から出た疑問を解決した。

これ以上食塩が溶けなくなった「濃い食塩水」があります。この中にさらに食塩を入れます。溶けますか。

「溶けません」が答え。あたりまえのようでも，一応確認する。実験してみせた。食塩は溶けない。

これ以上食塩が溶けない「濃い食塩水」に，砂糖をスプーン１杯入れてかき混ぜます。砂糖は溶けますか。

・溶ける　6人

・ほんの少しは溶ける　18人

・溶けない　7人

実験して確かめるように指示した。

かき混ぜると，みるみるうちに，砂糖が溶ける。30ml 程度の食塩水に，計量スプーンで何杯でも砂糖が溶けていった。実は砂糖は食塩に比べかなり溶ける量が多いのである。

十分に食塩と砂糖が溶けている液に『味の素』は溶けるか

次に，食塩と砂糖の両方を十分に溶かした混合液を見せながら尋ねた。

十分に食塩と砂糖の両方が溶けている液です。これに，『味の素』は溶けますか？

もうさすがに溶けないだろうと考える子がいた。答えは，「溶ける」である。

まとめを考えさせた。

「1 つのものが溶けなくなっても，ほかのものは溶ける」である。

第 13 時

学習のまとめを行う

グラフの読み取り

教科書のグラフを読み取らせた。

「タイトルは何ですか。」

「50ml の水に溶ける食塩とホウ酸の量です。」

「縦軸は何を表していますか。」

「溶けた食塩とホウ酸の重さです。」

「横軸は何を表していますか。」

「水の温度です。」

教科書のグラフを，そっくりノートに写しなさい。

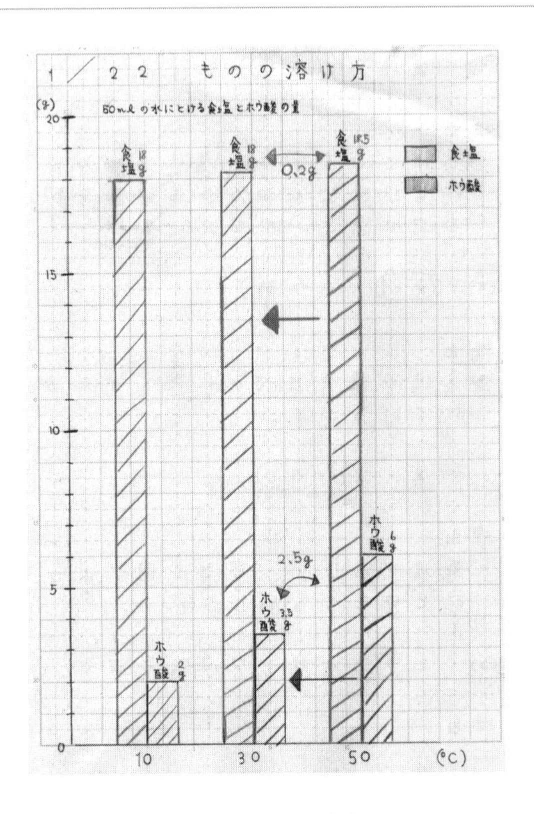

グラフをノートに書かせたあと，問題を解かせた。

50℃の水が入った２つのビーカーがあります。１つには，食塩を溶けるだけ溶かします。もう１つは，ホウ酸を溶けるだけ溶かします。
水温が50℃から30℃にまで冷めました。食塩とホウ酸の，どちらがたくさん出てきますか。

食塩がたくさん出てくると考えた人が，15人。
ホウ酸がたくさん出てくると考えた人が，16人。

そう考えた理由をノートに書きなさい。

食塩がたくさん出てくると考えた人の意見から発表させた。
「多く溶けるのは塩だから，温度が下がって出てくるのも塩が多い。」
「蒸発させてたくさん出てくるのは，たくさん溶けているほうだから。」
何人かは，問題文を勘ちがいしていた。「蒸発」とは書いていない。水の温度を下げるだけである。
ホウ酸がたくさん出てくると考えた人は，このように答えた。
「50℃の水に溶けたホウ酸の量と，30℃の水に溶けたホウ酸の量との差が，出てくるホウ酸の量だ。差が大きいのはホウ酸だから，たくさん出てくるのはホウ酸だ。」

出てくるホウ酸の量は，グラフのどこでわかりますか。ここでわかるというところに，印をつけなさい。

答えがわかったのは，半数程度だった。グラフから読み取るのは難しかったらしい。
グラフから，水温の差で出てくる量がわかる。食塩は0.3g程度。ホウ酸は，2.3g程度。ということは，ホウ酸がたくさん出てくることになる。

30℃の水が入ったビーカーが2つあります。1つには，食塩を溶けるだけ溶かしました。もう1つには，ホウ酸を溶けるだけ溶かしました。水を全部蒸発させると，溶けていたものが多く出てくるのはどちらのビーカーですか。

これは，32人中31人が正解。答えは，食塩である。水がなくなるのだから，たくさん溶けている食塩が多く出てくることになる。
まちがった子も，しばらく考えていて，「あっそうか。」という感じで納得していた。

電流が生み出す力

全部見せます 小5理科授業

X　電流が生み出す力

本単元は，探究型の理科学習を通して，児童に主体的な問題解決の能力を育てることをねらいとした。

探究型の学習を，次の過程で進めた。

1　すすんで課題を見つける過程
2　問題解決の見通しをもつ過程
3　解決していく過程

まずは，現象にたっぷりと触れる機会を保障する。

子供たちは，電磁石に触れる体験をする中で，いろいろなことに気付いていく。気付いたことを紹介し合う中で，疑問が生まれる。

疑問を仮説の形にして，紹介し合う。

子供が考えた仮説を検証していく。検証の方法は，子供が考える。

この「観察・実験」→「気付き・疑問」→「仮説」→「検証」という一連の流れは，まさに理科の学習そのものであると考えている。理科の研究者が行っている研究過程を，子供たちに体験させるのである。

探究型の活動を体験することで，問題解決の能力を養えると考えている。

習得させたい知識

1　電流の流れているコイルは，鉄心を磁化するはたらきがあること。
2　電流の向きを変えると，電磁石の極も変わること。
3　電磁石の強さは，電流の強さによって変わること。
4　電磁石の強さは，導線の巻き数によって変わること。

習得させたい技能

1　電磁石を操作する活動の中で，疑問を見つけることができる。
2　気付いたことや疑問から，仮説をつくることができる。
3　仮説を検証するための実験方法を考えることができる。
4　条件を制御して実験を行うことができる。
5　実験の結果から結論を導くことができる。
6　考えが分かれた課題について，自分の意見を主張することができる。

単元実施計画

時　間	学習内容と指導方法の重点
第１～３時	【習得】電流のはたらきを調べる
第４時	【習得】仮説をつくる
第５～６時	【活用】導線の曲がったところとまっすぐなところのどちらによく鉄粉が付くのか
第７時	【活用】くぎが変わると磁力が変わるか
第８時	【活用】電磁石に極はあるか
第９時	【活用】巻き方によって極は変わるか
第10時	【活用】電流をたくさん流すと磁力は上がるか
第11時	【探究】直径の大きなコイルでも磁石になるか
第12時	【探究】くぎに電流を流すと磁力は変化するか
第13～14時	【活用】電流のはたらきを利用したおもちゃ作り

第1～3時

電流のはたらきを調べる

電流によって磁力が働いていることに気付かせる

乾電池とエナメル線をつなぎます。エナメル線を鉄粉に近付けるとどうなるか観察しなさい。

実験道具を次の3つに限定した。

・乾電池（マンガン電池単1）

・エナメル線（1m）

・鉄粉（スチールウールの粉）

実験がスムーズにできるように，紙やすりと，セロハンテープは自由に使ってよいこととした。

1時間で，子供たちは，以下のことに気付くことができた。

・鉄粉がエナメル線に引き付けられる。

・乾電池にエナメル線をつなぐと，鉄粉は引き付けられるが，乾電池から離すと，鉄粉も落ちる。

・エナメル線を曲げても，鉄粉は引き付けられる。

・乾電池とエナメル線をつなげると，熱くなる。

・乾電池も熱くなる。

・エナメル線を直線にしたときと，エナメル線を曲げたときとでは，曲げたときのほうが，よく鉄粉は引き付けられた。

子供から出された疑問は，次の2つである。

・エナメル線は，直線より曲線のほうがよく引き付けられるのか。

・エナメル線は，乾電池に近いほうがよく引き付けられるのか。

第1時から上のような疑問をもち，自分からすすんで調べる姿が見られた。

2時間目から道具を増やしていく

第2時からは,「コンパス（方位磁針）」と「くぎ3本」を順に加えて,実験を行った。

コンパスにエナメル線を近付けるとどうなるか観察しなさい。

コンパスが振れる様子がわかった。

ただし，電流の向きを変えるとコンパスの動き方も変化する，ということろまでは気付けていなかった。

小さなくぎにエナメル線を巻きつけます。鉄粉に近付けるとどうなるか，観察しなさい。

道具を増やすごとに，活動を指示した。自分で思いついた実験方法があったら，自由に実験をしてもよいことにしていた。そのほうが,多様な実験を経験させられるからである。

導線をコンパスやくぎに近付けている子が多かった。中には，くぎに導線を巻きつけて，くぎが磁化されるかどうかを調べている子もいた。くぎに導線を巻くと,くぎが鉄粉を引き付けるようになる。つまり,くぎが磁石になるのである。しかも，導線からくぎを離しても，しばらくは，くぎは磁石のままである。導線がくぎを磁化させたことがわかったのである。子供の主な疑問は次のとおり。

- 導線は，鉄を引き付けている。では，導線の長さを変えたら,導線の磁石の力は変わるのか。
- 導線のどの部分が，磁石の力が強いのか。乾電池に近いほど強いのか。
- 導線を曲げたときと，伸ばしたときで，磁石の力に違いはあるのか。

・導線は，鉄粉を引き付ける。コンパスも引き付ける。しかし，くぎがつかないのはなぜか。重いからか。

3時間目の実験

第3時は，ストローと針金を加えて，実験を行った。

ストローを渡し，導線を巻きつけるように指示した。

何かに導線を巻いたものを「コイル」ということを教えた。子供たちは，コイルをコンパスや鉄粉やくぎに近付けるなどして，いろいろと試していた。

やがて，コイルの考え方を，くぎにも応用する子が出てきた。くぎに直接，導線を（何重にも）巻き始めたのである。くぎが強力に磁化されることに，子供たちは驚いていた。

しばらくして，針金を3本配った。コイルの中に針金を入れるように指示し，いろいろと試してみるように言った。針金は，長さ5cm，直径1mm程度のものを用意した。

コイルに入れた針金は，くぎを3本とも引き付けるほど強い磁力を発揮した。コイルの中に入れる針金の数を増やすと，くぎを引き付ける力が増すことに，子供たちは驚いていた。子供たちの中には，針金に直接導線を巻きつけて，くぎを引き付けるかどうかを確かめている子もいた。

気付いたことの発表をいつさせたか

実験における発見や疑問は，授業の最後に紹介し合った。ペアで発見したことを共有させた。そして，お隣さんがいい発見をしていたら，紹介させた。

子供の気付きは，次の４つに分けられた。

- ・電流の流れている導線の周りに磁界が生まれること。（導線の近くの鉄を磁化するはたらきがあること。）
- ・電磁石の極に関すること。
- ・電磁石（導線の周りの磁界も含む）の磁力の強さに関すること。
- ・電流が発熱を起こすこと。

第３時を終えて，子供たちは，「電流が生み出す力」で学習する内容のほとんどに気付くことができていた。

ただし，この段階では，子供が勘ちがいをしている部分もあった。例えば，「くぎや針金に導線を巻くと磁石になるのは，くぎや針金に電流が流れたからだ」というものである。ストローに導線を巻いて作ったコイルの中に，針金を入れた場合，針金には電流は流れない。ストローで絶縁されているためである。くぎに直接導線を巻いたとしても，導線にコーティングがしてあるので，くぎに電流は流れない。

また，コンパスに電磁石を近付ける実験をした子は，電磁石に極があることがわかっていたが，S極とN極が電流の向きによって変わることには気付いていなかった。

第4時

仮説をつくる

疑問を仮説の形で提出させる

カードを配ります。1つのカードに1つの疑問を書きなさい。

紙を配り，1枚に1つずつ疑問やわからないことを書かせた。
図で説明することができるものには，図を書くように指示した。

疑問に対する「たぶんこうなのだろう」という答えを予想して書きなさい。

ここで，文型を提示した。
「なぜ，○○なのか？　それは○○だからだろう。」
「○○はどうなのだろう？　私は○○だと考える。」
例えば，子供たちは次のようにカードに記入した。
「導線の形が曲がっている場合とまっすぐな場合とでは，どちらの磁力が強いか？　おそらく曲がっている場合のほうが磁力が強いと考える。」
このように課題に対して自分なりに予想したり仮説を立てたりすることで，見通しをもたせることができた。さらに，課題を作成した本人でなくても，課題を読めば，どうしたら解決できるのか，どういう結果になるのかへの見通しをもつことができた。

子供の疑問を分類させる

班で疑問を見せ合って，同じような疑問は一緒にしなさい。

班で交流が始まった。

人に説明をしているうちに，自分の考えがはっきりしてくることもある。自分の考えを説明する活動が大切だ。

班で見せ合ったら，今度は列で見せ合って，同じような疑問は一緒にしなさい。

このように徐々に集団を多くして，クラス全体の意見を分類していった。

主な疑問は何が出たか

子供の主な疑問を，次の４つのカテゴリーに分類して紹介する。

■電流の流れている導線には磁界が生まれること，周りの鉄を磁化することに関する課題
- 導線を曲げたところに，鉄粉がよく付くのか。
- 導線の長さで，磁力は変化するか。

■電磁石の極に関する課題
- くぎに電流の流れた導線を巻いて磁石にすると，Ｎ極とＳ極ができるのか。

■コイルに関する課題
- コイルの巻き方で，磁力は変わるか。
- コイルの形で，磁力は変わるか。

■電磁石の強さに関する課題
- 導線の太さを変えると，磁力は変わるか。
- コイルに入れる針金の数で，磁力は変わるか。
- コイルに針金を入れたものと，直接針金に導線を巻いたものとでは，どちらが強い磁力があるか。
- 電池を増やすと，磁力は上がるか。

上記の４つのカテゴリーから，教師が課題を選んで検証していくことにした。

第5～6時

導線の曲がったところとまっすぐなところのどちらによく鉄粉が付くのか

検証の方法を考えさせる

導線の，曲がったところとまっすぐなところでは，どちらによく鉄粉が付くのでしょうか。実験結果がどうなるか，自分の予想をノートに書きなさい。書けた人は，理由も書きなさい。

予想を確認し，簡単に理由も確認した。

実験方法をどうすればいいか，考えてノートに書きなさい。

書けた子から持ってこさせ，「条件制御ができているか」を確認した。条件としては，次の２つが出た。

・導線の長さを統一すること。
・電池からの距離を同じにすること。

電池からの距離で，ひょっとすると磁力の強さが変わるかもしれないと考えたからである。

子供に追究させる

実験方法が明らかになったので，その後，それぞれ実験で確かめる活動を行った。

実験は子供に任せた。残りの問題は子供が追究するからである。いつもいつも教師が実験をやってみせていては，子供に力がつかない。

実験結果を共有させる

「実験の結果をノートに書きなさい。実験の結果を発表してもらいます。」

このように指示し，全員で実験の結果を共有した。

結果が同じことを確認してから，「結果から，わかることをノートに書きなさい」と指示し，結果の考察を行った。もしもこの段階で，結果が異なっていれば，実験方法の吟味を行うつもりであった。

問題解決の過程を次のように考えると，第５～６時で，一連の問題解決の過程を学習できたことになる。

- 問いをもつ
- 問いに対し，予想・仮説をもつ
- 実験方法を考える
- 実験を行う
- 実験結果をまとめる
- 結果を考察する

結果は，「導線の曲がったところのほうが，鉄粉がよく引き付けられる」となった。

第７時

くぎが変わると磁力が変わるか

実験の効果的な進め方

電気の流れている導線をくぎに巻くと，くぎが磁石になります。では，くぎの長さと太さで，磁力が変わるのでしょうか。実験方法を考えて，ノートに書きなさい。

実験は，ペアで協力して行わせた。ペアで実験ノートが書けたら，教師に見せに来る。

教師が見るべきは,「条件の制御」である。条件制御がきちんとできていれば,実験を開始させる。

条件制御として,子供から,

「くぎに導線を巻く位置が,電池からの距離と同じになるようにする。」

「くぎに巻く導線の巻き数を同じにする。」

というのが出された。また,

「くぎの長さによって,磁力が変わるのかを調べる場合は,くぎの太さを同じにする必要があり,くぎの太さによる磁力の違いを調べるには,くぎの長さを同じにしなくてはならない。」

という意見が出された。

ノートを見せて合格したペアから実験を始めなさい。

結果,太いくぎ,長いくぎのほうが,磁力が強いということになった。

第8時

電磁石に極はあるか

発問によっておかしい現象に気付かせる

磁石になったくぎに,S 極や N 極があるかどうかを調べなさい。

磁石になったくぎに,S 極,N 極があるのかどうかを調べた。コンパスを使って実験を行わせた。

調べてみると,磁石になったくぎに極があることはわかった。

くぎのとがっているほうはN極ですか。S極ですか。

あえて，尋ねてみた。
もちろん，子供の答えはバラバラであった。
「あれっ？　どういうこと？」
「おかしい，絶対に先はN極だよ。」
「ひょっとして，極は，電流の向きによって変わるの？」

電流の向きによって極が変わるかどうか調べなさい。

ペアで確かめさせた。「極は電流の向きによって変わること」がはっきりとわかった。
第8時までに，3通りの問題解決の過程を行ったことになる。子供たちは自分からすすんで予想し，実験方法を考え，実験をするようになってきた。

第9時

巻き方によって極は変わるか

子供の気付きを課題とする

第9時では，第8時の実験で，わかったことを発表させた。その中で，導線の巻き方によっても，くぎの極は変わるということに気付いた子供がいた。
全員の前で発表させて，やり方を確認し，実際に実験して確かめさせた。
第9時では，次のことが明らかになった。

- くぎに導線を巻いて電磁石にすると，S極，N極ができること。
- 電池の向きを反対にすると，電磁石の極が変わること。
- 導線の巻き方を「上から下へ巻く」「下から上へ巻く」のように変えると，極も変わること。

第10時

電流をたくさん流すと磁力は上がるか

ペアで実験方法を確認させる

第10時には，2つのことを確認した。

①巻き数を増やすと電磁石の磁力は上がるか？

②電流をたくさん流すと，電磁石の磁力は上がるか？

巻き数で電磁石の磁力が上がることは，最初の実験で確かめていたので，①は簡単に確認をした。

②の，電流をたくさん流す実験はしていないので，じっくりと行うことにした。

ペアで実験を行った。実験の方法を考えたあと，自分が考えた方法をペアの相手に説明し，不備な点や条件の統一ができているかどうかなどをお互いに確認してから，それぞれ実験を行った。

②は，電池が2つ必要な実験である。ペアで協力して実験を行うよう指示した。1時間では，調べるだけに終わってしまったので，ノートに結果をまとめるのは，第11時にすることになった。

第11時

直径の大きなコイルでも磁石になるか

子供の勘ちがいを検証する

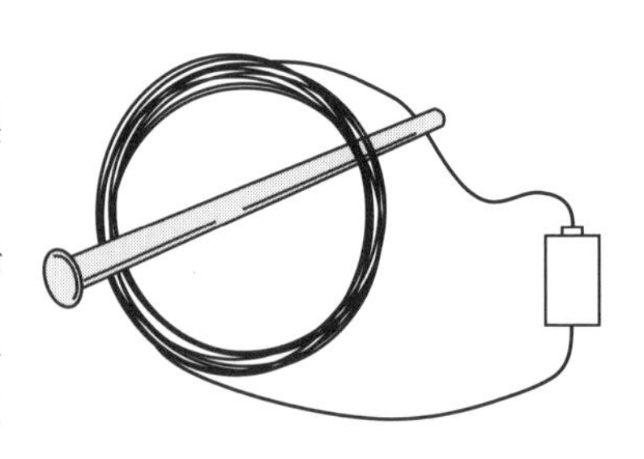

第11時には，最初に，前回の結果をまとめるノートまとめを行った。

その後，導線を巻いたくぎに電流が流れているのかどうかを調べた。何人かが，くぎに導線を巻くと，「くぎに電流が流れるから磁石になった」と勘ちがいをしていたからである。

そこで，くぎに豆電球をつけ，電流が流れていないことを確認した。

そのあとで,「直径の大きなコイル（直径5㎝）の中にくぎを入れると磁石になるのか。」を調べた。

ほとんどの子が，くぎは磁石にはならないと考えていた。導線からコイルまでが離れていたからである。

結果は,「くぎは磁石になる」である。くぎに電流が流れていなくても，電磁石になることが証明された。

第12時

くぎに電流を流すと磁力は変化するか

子供から出た新たな疑問を検証する

その後,「導線のエナメルを全部取ってくぎに電流を流したときは，流していないとき（普通の電磁石）と比べて，磁力は強いのか？弱いのか？」という疑問が生まれた。

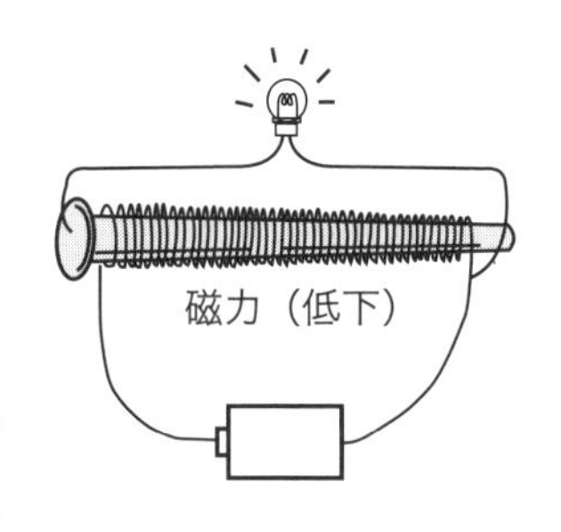

そこで，第12時に確かめの実験を行った。

実験に時間がかかったが，電流を流しているほうが磁力が弱いことが実験で確かめられた。といっても，体感で少し磁力が弱くなったと感じる程度である。磁力は劇的には弱くならないが，コイルにするときに，エナメルなどの絶縁体を使うことには意味があったのだと確認できたのである。

参考文献

「理科　到達目標に達しない子への支援策　5・6年編」小林幸雄著　明治図書　2005

「光・音・電流の教材開発と指導のアイデア　理科授業を面白くするアイデア大百科8」松原道男・戸田正登編著　明治図書　1996

あとがき

学級開きの４月。「理科が苦手なんです」と訴えてくる子がいた。

昨年は理科のノートをほとんどとっていなかったという。授業をボイコットすることもあったそうだ。

５月になって，その子が言った。

「ノートを書くのが楽しい。毎回同じ書き方で，やり方がわかるから。だから，集中できるんだ。」

子どもの日記を読むと，「次はどんな実験なのかわくわくします」とか，「理科はいつも実験があるので，毎回楽しみです」などの言葉が書かれていることがある。

理科は，本来，楽しいものなのだ。ただし，楽しい授業にするには，方法を知らなくてはならない。

よい授業は，必ず次の３点が優れている。

１　教師の発問・指示・説明

２　授業の組み立て

３　教材

授業は，「発問」，「指示」，「説明」で成り立っている。教師の言葉によって，授業はさま変わりする。

発問は，何を尋ねているかがはっきりわかるものが最低条件だ。もっと良い発問にするなら，頭をひねらせる知的な問いを考えなくてはならない。

指示は，たった１つのことを端的に言う。

説明は，なるべく短く。

こういった基本をおさえて授業を行う必要がある。

また，授業は，「組み立て」で成り立っている。どういう順序で教えていくのかが大切だ。

例を１つ出せば，授業がいちばん盛り上がる「山場」をどこにもってくるのかを考えるのも教師の仕事である。

魅力ある教材を用意することも大切なことだ。魅力ある教材は，それだけで授業を活性化する。できれば実物に触れさせることが大切だ。

経験10年未満の小学校学級担任の８割以上が，「指導法についての知識・技能」について「低い」または「やや低い」と感じていることが明らかとなった（「平成20年度小学校理科教育実態調査」）。

本書は，教え方のマニュアルである。若い頃は，マニュアルをそのまま追試してみるとよい。理科の授業の進め方がわかったところで，自分なりの方法を編み出していけばよいのだ。

子どもの実態によって工夫してみる。新しい知識や教え方を加えてみる。より良い実践を創造していくことが，理科教師の仕事である。１つの実践記録は，さらに次の新しい実験記録を生むことにつながっていく。

大切なのは，授業の進め方を知ることだ。何も知らないところに創造はない。知ったうえでそれを超えていく努力が，現場の教師に必要なのだ。本書が，読者諸兄の実践の一助につながれば幸甚である。

教育出版の玉井久美子様には，企画段階からさまざまなアドバイスをいただき，本書の細部にいたるまで御指導をいただきました。記して感謝申し上げます。ありがとうございました。

2010年２月　大前暁政

大前暁政（おおまえ　あきまさ）

1977年，岡山県に生まれる。岡山大学大学院教育学研究科（理科教育）修了後，公立小学校教諭を経て，2013年4月より京都文教大学准教授に就任。教員養成課程において，教育方法論や理科教育法などの教職科目を担当。「どの子も可能性をもっており，その可能性を引き出し伸ばすことが教師の仕事」と捉え，現場と連携し新しい教育を生み出す研究を行っている。文部科学省委託体力アッププロジェクト委員，教育委員会要請の理科教育課程編成委員などを歴任。理科の授業研究が認められ「ソニー子ども科学教育プログラム」に入賞。日本初等理科教育研究会，日本理科教育学会所属。

著　書　『理科の授業が楽しくなる本』（教育出版）
『たいくつな理科授業から脱出する本—これだけは身につけたい理科の授業技術』（教育出版）
『なぜクラス中がどんどん理科を好きになるのか—改訂・全部見せます小3理科授業』（教育出版）
『なぜクラス中がどんどん理科のとりこになるのか—改訂・全部見せます小4理科授業』（教育出版）
『なぜクラス中がどんどん理科を得意になるのか—改訂・全部見せます小6理科授業』（教育出版）
『先生のためのセルフコーチング』（明治図書）
『理科の授業がもっとうまくなる50の技』（明治図書）
『子どもを自立へ導く学級経営ピラミッド』（明治図書）
『実践アクティブ・ラーニングまるわかり講座』（小学館）
『大前暁政の教師で成功する術』（小学館）
『学級経営に活かす　教師のリーダーシップ入門』（金子書房）
『勉強ができる！クラスの作り方』（東洋館出版社）
『大前流教師道—夢をもちつづけることで教師は成長する』（学事出版）
『若い教師がぶつかる「壁」を乗り越える指導法！』（学陽書房）

なぜクラス中がどんどん理科に夢中になるのか
改訂・全部見せます小5理科授業

2010年3月31日　初版第1刷発行
2020年3月22日　2版第1刷発行

著　者　大 前 暁 政
発行者　伊 東 千 尋
発行所　教育出版株式会社
〒101-0051　東京都千代田区神田神保町2-10
TEL 03-3238-6965　FAX 03-3238-6999
URL https://www.kyoiku-shuppan.co.jp

装丁・DTP　ユニット
印刷　モリモト印刷
製本　上島製本

ISBN978-4-316-80493-4 C3037